Mariano Baquero Goyanes

Qué es la novela
—
Qué es el cuento

BAQUERO GOYANES, Mariano

*Qué es la novela; Qué es el cuento/*Mariano Baquero
Goyanes; estudio preliminar de Francisco Javier Díez de Re-
venga.— Murcia: Universidad de Murcia, Cátedra Mariano
Baquero Goyanes, 1988.

156 p.
Bibliografía
I.S.B.N. 84 - 7684 - 082 - 9

1. Novela - Teoría y técnica. 2. Cuento - Teoría y técnica. I. Díez de Revenga, Francisco Javier. II. Universidad de
Murcia. Secretariado de Publicaciones, ed. III. Qué es el
cuento.
82-3.08

Maqueta portada: F.F.A.
Oleo de Vicent van Gogh, «Rama florida de almendro»

SECRETARIADO DE PUBLICACIONES
DE LA UNIVERSIDAD DE MURCIA. 1988

Depósito legal:
     MU - 82 - 1988

I.S.B.N.:
     84 - 7684 - 082 - 9

Imprime:
     El Taller - Ingramur, S.L.
     Escultor Roque López, 3 y 5 - Murcia

Mariano Baquero Goyanes

Qué es la novela

—

Qué es el cuento

Estudio preliminar
de
FRANCISCO JAVIER DIEZ DE REVENGA

Cátedra Mariano Baquero Goyanes
Universidad de Murcia
1988

INTRODUCCION

La obra crítica e investigadora de Mariano Baquero Goyanes destaca por su interés y actualidad. No ha sufrido ni sufre su labor de estudioso de la literatura española, y especialmente de la narrativa, el paso del tiempo, antes bien sus planteamientos, sus análisis y sus intuiciones mantienen con plenitud su interés. Supo Baquero Goyanes como nadie conciliar exquisito gusto de lector atento e intuitivo con la amplia sabiduría de quien, al acercarse a un texto literario, sabe conjugar ciencia y experiencia. Con tales ingredientes, tan envidiados y admirados por todos, no es extraña la permanente vigencia de una obra crítica singular.

Buena muestra de lo apuntado anteriormente es el interés despertado por algunas de sus obras que han merecido el interés de editores actuales. Así, sus *Estructuras de la novela actual*[1], cuya cuarta edición se prepara actualmente. Así, también, su *La novela naturalista española: Emilia Pardo Bazán,* cuya segunda edición ha visto la luz recientemente[2] publicada por la Universidad en la que Baquero desarrolló toda su vida académica y bajo el auspicio de la cátedra que lleva su nombre.

El aprecio hacia esa obra nos conduce ahora a la reedición de sus dos pequeños manuales *Qué es la novela* y *Qué es el cuento,* hace ya muchos años agotados y buscados por especia-

---

1. En prensa, Literatura y Sociedad, Editorial Castalia.
2. Segunda edición, Cátedra Mariano Baquero Goyanes y Secretariado de Publicaciones, Universidad de Murcia. Murcia, 1986 con prólogo de Nelly Clémessy.

listas y escritores de todas partes, pero sobre todo perseguidos por estudiantes deseosos de disponer de la adecuada síntesis informativa sobre tan preocupantes géneros literarios, que les permita ingresar en el mundo amplio y complicado de los lectores de novelas y cuentos. Una oportunidad como la presente, de editar ambos «esquemas» —con este nombre los presentó la editorial argentina que los publicó hace ya muchos años— debe ser aprovechada para mejor conocer ambos géneros, pero al mismo tiempo para convivir nuevamente con el espíritu y con la ciencia de Baquero Goyanes, con su estilo inconfundible, con su gran capacidad de relacionar y de analizar. Para los que, desgraciadamente, ya no tuvieron la ventura de conocerlo personalmente, no me cabe duda que leer estas obras, estas síntesis magistrales, ha de ser un muy buen camino para aprender literatura de la mano de un auténtico maestro.

Y con el fin de que aquellos que ahora se acercan al mundo de Baquero Goyanes puedan valorar la dimensión humana y científica de su obra, ha parecido oportuno a los generosos editores de esta nueva presentación de las dos síntesis, que tales libros no aparezcan sino acompañados de unas breves notas en las que se recuerde la figura y el trabajo de su autor, queriendo ofrecer así la edición con una dimensión nueva de carácter crítico y pedagógico.

Mariano Baquero, acercamiento a un escritor

Nacido en Madrid, el 10 de junio de 1923, Mariano Baquero Goyanes habría de destacar bien pronto como estudiante primero en Madrid, en el Instituto «San Isidro» y finalmente en Gijón, en el Instituto «Jovellanos». En la ciudad asturiana residió también durante toda su carrera, realizada en la Facultad de Filosofía y Letras de Oviedo, capital a la que se dirigía todos los días a bordo de un casi decimonónico tren de madrugada. Durante el transcurso de sus estudios universitarios sobresalió Baquero por su capacidad de trabajo, aprovechamiento y seriedad, tal como ha recordado en un delicioso artículo sobre esta etapa baqueriana su compañero de estudios José

María Martínez Cachero[3]. Licenciado en Filología Románica en Oviedo en 1944 obtuvo los premios Extraordinario de Licenciatura y Fin de Carrera, tras lo cual marchó a Madrid a realizar la tesis doctoral bajo la dirección del que había sido su maestro en Oviedo, Rafael de Balbín Lucas. En el Madrid de la posguerra reside nuestro autor en la Residencia del Consejo Superior de Investigaciones Científicas, la ya famosa «Residencia de Estudiantes» de la calle de Pinar, de extraordinarias y reconocidas resonancias literarias. Allí comparte Baquero horas y días con estudiosos diversos entre los que siempre recordaba algunos filólogos destacados como Fernando Lázaro Carreter o el hispanista R.O. Jones. Nutríase Baquero para su trabajo, que versó sobre *El cuento español en el siglo XIX* en los fondos de las bibliotecas madrileñas, que completó con estancias en la Biblioteca Menéndez Pelayo de Santander, cuyo rico fondo tanto contribuyó a la exhaustividad y seriedad de su estudio. Ni qué decir tiene que presentado éste ante el tribunal correspondiente obtuvo las máximas calficaciones de la entonces Universidad Central, la única que podía expedir títulos de Doctor. En tal jurado estuvieron, entre otros, Balbín, Entrambasaguas y actuaba como secretario su joven compañero Lázaro Carreter. Obtuvo el trabajo, desde luego, el Premio Extraordinario de Doctorado y posteriormente el Consejo Superior de Investigaciones Científicas le otorgó el codiciado Premio «Menéndez Pelayo» correspondiente a 1948.

Con tales antecedentes, no es extraño que Mariano Baquero optase bien pronto, en las durísimas oposiciones de aquellos años, a una Cátedra de Universidad. Y así, durante el otoño de 1949, a lo largo de tres meses de competición, mientras Buero Vallejo estrenaba *Historia de una escalera* (hecho que a Baquero le gustaba recordar), realizó brillantes ejercicios ante un tribunal presidido por Dámaso Alonso que no dudó en otorgarle la plaza de «Catedrático de Historia de la Lengua y de la Literatura Española en sus relaciones con la Literatura Universal» de la Universidad de Murcia, cátedra de nueva creación de la que tomó posesión el 16 de diciembre de aquel año, convirtiéndose, a sus 26 años, en el catedrático más joven de la universi-

---

3. En *Monteagudo*, 87, 1984.

dad española. Antonio de Hoyos ha recordado pormenores de aquella oposición[4] en la que tanto sorprendió la presencia de este joven estudioso, especialista en narrativa del siglo XIX que era capaz de hacer una lección magistral originalísima sobre entremés y novela picaresca o descubrir en unos prácticos que un texto pertenecía al *Viaje de Turquía.*

Baquero llega a la recoleta Universidad de Murcia, en la que ya está de catedrático de Literatura Española Angel Valbuena Prat y de Crítica Literaria Carlos Clavería, que pronto marcharía a América. Reside en el Colegio Mayor en el que comparte tertulia con otro catedrático recién aprobado, Enrique Tierno Galván. Recordaba Baquero con añoranza su llegada a aquella Universidad de pocos profesores y cómo fue presentado el primer día a todos ellos recorriendo los entonces escasos despachos y dependencias y siendo presentado a figuras hoy históricas de nuestra Universidad como el ex-Rector Loustau, en su laboratorio de Biología de Ciencias, el Bibliotecario Andrés Sobejano, con el que mantedría larga y fecunda amistad sustentada en la mutua admiración, el Vicerrector Gestoso, una de las grandes figuras del Derecho Canónico, etc. etc.

Treinta y cinco fueron los años de permanencia activa de Baquero en su cátedra, por la que pasaron multitud de estudiantes, de filólogos futuros que hoy ocupan las cátedras de nuestra universidad y de nuestros institutos. Treinta y cinco años en los que Baquero asistió con una cierta disconformidad elegante a los procesos de crecimiento primero y de masificación después de unas enseñanzas que él concebía de forma muy diferente, para personas dotadas de gusto por la lectura, sensibilidad estética y capacidad de trabajo. Pero lo cierto es que a lo largo de esos treinta y cinco años también se desarrolló junto a él una importante escuela de estudios literarios, a través de tesis doctorales por él sabiamente orientadas. No sería lógico que aquí se diese cuenta de esa larga nómina de discípulos, aunque sí debemos destacar dos de sus primeras tesis dirigidas, por el prestigio actual de los entonces doctorandos: la de Gonzalo Sobejano, hoy profesor de Columbia University, realizada y

---

4. *Ibidem.*

leída en Madrid sobre *El epíteto en la lírica española,* y la de Joaquín Gimeno Casalduero, hoy profesor en University of California Los Angeles (UCLA), primera tesis leída en la Facultad de Murcia, sobre *Elementos naturalistas en la obra de Pérez Galdós.* Se leen tales tesis, respectivamente, en 1955 y 1956.

Poco dado a la actividad pública, enemigo sincero de boatos y honores, hubo de participar sin embargo en la gestión de la Facultad y en labores administrativas que siempre con natural elegancia trataba de declinar. Aún así, en su actividad universitaria y académica cuenta con valiosas aportaciones. Crea en 1953 la revista *Monteagudo,* dentro de la Cátedra Saavedra Fajardo, hoy, felizmente, subsistente. Fue Director de la Escuela de Formación del Profesorado de Grado Medio y Director del Departamento de Literatura Española desde su creación. Durante algunos años fue Vicedecano de la Facultad, cargo en el que sustituyó a Valbuena Prat, llegando durante meses muy difíciles de la vida universitaria de los años setenta a ocupar el cargo de Decano en funciones, ya que siempre se resistió a ser nombrado definitivamente para tal cargo, que detestaba apasionadamente, y que si lo desempeñaba era de manera provisional y por su sentido del deber y su compromiso con personas a las que apreciaba.

En la vida de la cultura local, Baquero se distinguió por su moderación y sentido de la amistad. Contertulio de escritores y artistas de extraordinario prestigio (Carlos Ruiz-Funes, Alemán Sainz, Carpe, Molina Sánchez, Cano Pato, Hoyos, Muñoz Cortés, etc.) mantuvo siempre una gran compostura ante excesos y falsos laureles. Durante sus últimos años, su participación en tal vida local la llevaba a cabo a través de la Academia Alfonso X el Sabio, a la que pertenecía desde 1969 (él fue el primero que leyó el preceptivo discurso de ingreso) y de la que llegó a ser Subdirector. Participó activamente en cuantas tareas se le encomendaron a través de homenajes, ediciones y publicaciones. También fue nombrado, ya en 1980, Académico Correspondiente de la Real Academia Española.

Pero Baquero Goyanes fue ante todo un universitario y a su Universidad y a su Facultad dedicó sus horas de trabajo y de estudio sin interrupción, sin más ausencias que aquellas provocadas por enfermedades, porque hay que destacar que su escaso gusto por los viajes, su ausencia bien meditada y asumida de cenáculos nacionales, de simposios, de encuentros más o menos obligados en otras universidades, producto de su aversión a trasladarse de un lado para otro, fue muy beneficiosa para su Universidad, de la que en muy pocas ocasiones —y estas obligadas por alguna realidad física— estuvo ausente. Su aprecio por la vieja —y en cierto modo por algunos aspectos de la nueva Universidad— le hizo serle enteramente fiel. Así lo recuerda el que habría de ser compañero suyo de tantos años, tan distinto en la forma de plantear la vida universitaria, pero tan unido en afecto y en lealtad, Manuel Muñoz Cortés: «Y cuando las circunstancias históricas cambiaron, cuando ya desapareció la Facultad de pocos alumnos, cordial y comprensiva, y rachas de violencia aparecieron, Mariano Baquero supo conducir la vida universitaria, con suavidad en las formas y rigor en el servicio. Y su Obra Bien Hecha continuó y jamás dejó la atención a todos y cada uno de sus alumnos y a todos los que con él se formaron y son profesores»[5].

Se cierra esta sucinta biografía con los últimos datos nada fríos. A principios de 1984 una tremenda enfermedad alcanza la naturaleza de Mariano Baquero cuando, todo lleno de proyectos editoriales, completaba la parte principal de un libro sobre el cuento que no pudo llegar a terminar. El 13 de junio de 1984 dejaba de existir el ilustre catedrático y crítico de la Literatura Española.

La plenitud de una obra crítica

Una importante y bien nutrida obra crítica ha dejado tras sí Mariano Baquero Goyanes sobre diferentes aspectos de la literatura española, pero especialmente dedicada a la narrativa del siglo XIX y contemporánea, aunque otros muchos fueron los puntos de su interés. La dimensión de su obra, ampliamente reconocida en lo que tiene de aportación a los distintos campos

---

5. *Ibidem.*

del estudio de nuestros escritores ha recibido también expresivos elogios desde el punto de vista teórico, es decir desde la posición de Mariano Baquero como creador y cultivador de una personal y peculiar metodología crítica. En este punto destaca la aportación de Antonio García Berrio, quien asegura que «es un fenómeno típico de convergencia natural de aptitudes, interés e instinto crítico lo que acomuna a Baquero Goyanes, encerrado en la circunstancia interior de sus mejores años de formación y desarrollo, con la de hombres como Eikhenbaum, Slovskij, Tomasevskij, también forzados por las circunstancias a un encierro y silencio, de causas quizá distintas a las de nuestro gran crítico español, pero de muy semejantes consecuencias peculiarizantes»[6]. La posición de Baquero, en su original planteamiento del «perspectivismo», analizado también por Estanislao Ramón Trives[7], pone a nuestro autor en relación con Ortega, pero también directamente en contacto con posiciones newcriticistas anglosajonas, muchas veces citadas por él. Originales planteamientos, peculiares enfoques y métodos de análisis le han concedido una posición privilegiada en el campo de la actual crítica literaria española, reconocido por lectores y estudiosos. Como asegura García Berrio «su obra supone la implantación del imanentismo estilístico en el dominio textual, absolutamente ajeno a aquél de los textos extensos narrativos. Con ello, el resultado forzoso y fecundo fue un formalismo estructuralista desprovisto de prejuicios doctrinales de escuela, en la medida en que en él fue autóctono y espontáneo, como dictado por la naturaleza misma de sus objetos de análisis».

Quizá, lo más destacable, según se admite por todos, es la capacidad de comunicación poseída por Baquero a la hora de poner en contacto un texto, con unas determinadas características, y su lector, un prototipo de obra literaria en las diferentes formas adoptadas y las reacciones que el lector intuitivo, en este caso la sensibilidad artística de la persona que a él se acerca. Provisto de una especial preparación espiritual, dada sus dotadísimas cualidades como lector, como experto perceptor de la música —una de sus más íntimas peculiaridades, experimenta-

---

6. En *Introducción a la crítica literaria actual,* p. 370.
7. En *Monteagudo,* 87, 1984.

da como permanente enriquecimiento espiritual privado (Baquero apenas escribió sobre *música*)— como fotógrafo o espectador de cine, plantea el hecho artístico literario como criatura poseída de una serie de cualidades artísticas que el lector ha de hallar, comprender, disfrutar y, en su caso, explicar. Como muy bien concluye Antonio García Berrio, «entre Baquero y el texto literario hay sobre todo fidelidad y un innato buen gusto entusiasta. En él la visión profunda de la obra artística es rasgo casi innato de su naturaleza más espontánea; es por eso uno de esos raros casos de críticos de instinto, gusto y cultura»[8].

Es, en definitiva, un crítico literario que más que desfilar bajo las banderas del dogmatismo de una escuela fue capaz de sintetizar las aportaciones de las diferentes corrientes innovadoras de los estudios literarios que, analizadas con autoridad y con sobriedad, nutrían sus inteligentes enfoques en los que tanto contaba su buen gusto y su personalidad. Así se lo ha reconocido la crítica más exigente y así lo resumía Francisco López Estrada con estas palabras: «La crítica con que trata los datos eruditos que aporta en sus trabajos está basada en el congruente historicismo propio de los estudios literarios, perfilado en su época más avanzada por orientaciones metodológicas que fue ajustando en el curso de su labor, tales como el perspectivismo y la recepción de los principios estructurales, asegurados por amplias lecturas y análisis de textos»[9].

Muchos fueron los estudios literarios publicados por Mariano Baquero Goyanes, y hay que señalar que fue privilegiado en la publicación de sus obras, requeridas en casi todos los casos por editoriales de gran prestigio. La revisión de tales estudios nos muestra la personalidad de un crítico especializado principalmente en dos sectores sugestivos e interesantes: la narrativa y el perspectivismo. El primero de ellos, que han estudiado recientemente entre otros Fernando Carmona[10] o Ramón Jiménez Madrid[11], enfocado tanto desde el punto de vista teórico como del crítico, procede de sus primeros trabajos de inves-

---

8. *Op. cit.*, p. 370.
9. *Insula*, 455, 1984.
10. En *Monteagudo*, 87, 1984.
11. *Ibidem.*

tigación, cuando escribió su tesis doctoral sobre *El cuento español en el siglo XIX*. Luego son muchos los trabajos que tratan de definir los géneros narrativos, buscando la acertada síntesis en los dos pequeños manuales que ahora editamos. Su preocupación por la novela y su conocimiento de los movimientos literarios que, desde el siglo XIX, van buscando una renovación de las técnicas narrativas, le condujo a la producción de uno de sus más meditados y mejores libros: *Estructuras de la novela actual*.

La propia tesis doctoral dotó a Baquero Goyanes de extraordinaria familiaridad con toda la literatura del siglo XIX y especialmente con la narrativa de su segunda mitad. Ya en sus primeros trabajos —realizados en la Universidad de Oviedo— había demostrado gran interés por la generación de narradores asturianos, especialmente por Clarín y Palacio Valdés. Más adelante serán Alarcón, Pardo Bazán y Galdós. Una bien compuesta síntesis puso de manifiesto tempranamente la riqueza de sus conocimientos sobre la época cuando apareció en el marco, de gran prestigio en su momento (1958), de la *Historia General de las Literaturas Hispánicas,* su estudio sobre la novela en la segunda mitad del siglo XIX. Posteriormente fueron apareciendo estudios y ediciones sobre estos autores. Debemos destacar su libro sobre la Pardo Bazán, apreciado por los especialistas en la escritora gallega por su seriedad e intuición, como han destacado recientemente Abraham Esteve[12] y Nelly Clémessy[13]. O los nuevos estudios sobre Galdós, Alarcón y Clarín, cuya edición de *La Regenta* fue la última obra importante publicada por nuestro autor cuando se celebraba en toda España el centenario de la genial novela[14]. El conjunto de estudios sobre tal época ha convertido a Baquero en uno de los especialistas mundiales más citados como autoridad indiscutible por los estudiosos de esta brillante época de nuestra novela[15].

---

12. *Ibidem.*

13. *Vid.* 2.ª edición de *La novela naturalista española: Emilia Pardo Bazán,* de Mariano Baquero Goyanes. Prólogo de Nelly Clémessy.

14. *Vid.* la reseña de la edición de F. J. Díez de Revenga: «*La Regenta,* obra clásica*»*, *Monteagudo,* 85, 1984.

15. *Vid.* en *Monteagudo,* 87, 1984, artículos de M. Martínez Arnaldos, M. Cifo, M. J. Díez de Revenga, etc.

Su interés por los prosistas españoles no se ha circunscrito exclusivamente a la narrativa del XIX, sino que en el Siglo de Oro ha estudiado aspectos del *Persiles,* de las novelas ejemplares (también por él editadas) y del *Quijote,* así como del *Patrañuelo.* Posteriores a los narradores del siglo XIX, han sido objeto de su pluma en diferencias ocasiones Rubén, Valle-Inclán, Baroja, Azorín y Miró, entre otros. Sobre este último prosista levantino pronunció un juvenil discurso, en 1952, en la inauguración del curso de la Academia de Bellas Artes de la Real Sociedad Económica de Amigos del País de Murcia, tal como ha recordado Juan Torres Fontes[16]. Y a las relaciones entre Azorín y Miró dedicó el discurso de inauguración del curso 1956-1957, también a edad muy temprana.

Mucho más sugestiva, por original, personal y propia, es su faceta de crítico en torno a lo que, con denominación muy orteguiana, Baquero ha llamado «perspectivismo literario», y cuyos resultados tanto han destacado los que a la obra de Baquero se han acercado, últimamente Darío Villanueva[17]. La observación de la realidad circundante por el escritor a través de distintos enfoques o puntos de vista, ha producido en nuestros autores clásicos y modernos una serie de obras donde se da paso a la sátira, la crítica, el desengaño o el contraste. Con un riguroso método de análisis, basado en esta faceta perspectivística, han sido estudiados Cadalso, Larra, Mesonero Romanos, Gracián, Feijoo, Galdós, Pérez de Ayala, Ganivet y, por último, Saavedra Fajardo.

Con referencia a este último escritor murciano, hay que destacar la labor de Baquero Goyanes al frente de la Cátedra Saavedra Fajardo de nuestra Universidad, cristalizada de forma especial en la publicación ya citada de la revista *Monteagudo,* que funda en 1953 y dirige hasta 1970. En ella aparecieron con frecuencia selecciones antológicas comentadas del autor de las *Empresas* y de otros escritores como el también murciano Polo de Medina. Unos pocas líneas o un breve poema proporcionaban al director de *Monteagudo* la ocasión de elaborar un

---

16. *Monteagudo,* 87, 1984.
17. En *Anales de Literatura Española Contemporánea,* 9, 1984.

comentario donde se relacionaban el escritor y las modas, tendencias o tradiciones de la literatura de su tiempo.

Otros aspectos interesaron de forma continuada a Mariano Baquero en relación con la literatura española. Así, el ritmo en la prosa, la teoría de la novela en nuestros escritores, la didáctica o la metodología de la literatura, que tuvo su lado práctico en la realización de dos libros de bachillerato, la edición de autores clásicos o de antologías trascendentales, aspecto del que se ocupó José Antonio Torregrosa[18], etc., etc. Este es el apretado resumen de la labor de crítica literaria y de la dedicación permanente a tales estudios que definen a Baquero, como ya se dijo al principio, como un original estudioso de la literatura dedicado a «la orientación especializada del lector, hecha desde el amor y la cultura a la obra artística de un genuino hombre de letras»[19].

La novela y el cuento: explicación y divulgación de dos especies literarias

En 1961, la Editorial Columba de Buenos Aires publica la primera edición de un breve epítome de Mariano Baquero Goyanes titulado *Qué es la novela,* incluido en su «Colección Esquemas». El libro no tiene más que 56 páginas de apretada letra que se terminan de imprimir el 6 de marzo de aquel año. En las solapas del tomito, tras unos sucintos datos biográficos se asegura que «en el ensayo que hoy ofrecemos abarca el problema de la novela en su conjunto. Merece destacarse el afán de rehuir toda generalización apresurada y el firme dominio que el autor ejerce sobre el espíritu de abstracción. Se trata de situar al lector en el estado actual del problema, para lo cual muestra la enorme complejidad de su realidad concreta e indica y hace presente mediante una acotación descriptiva de sus distintas dimensiones (narración, ficción, temas, tipos, técnicas narrativas, etc.) la esencia misma de la novela»[20]. El libro lucía una

---

18. *Monteagudo,* 87, 1984.
19. *Vid.* García Berrio, *op. cit.,* p. 370.
20. Edición de *Qué es la novela,* Buenos Aires, 1961, solapa.

cubierta compuesta de bandas geométricas trasversales a tres colores, rojo, negro y gris. Era el número 51 de la colección y en su interior se podía ver una amplia fotografía de un juvenil Mariano Baquero. La obra contó además de con la edición de 1961 con otra en 1966 y una tercera en 1975.

En el mes de diciembre de 1967 se termina de imprimir el otro epítome de Baquero, *Qué es el cuento,* editado igualmente por la Editorial Columba en su colección Esquemas, ahora con el número 83. Se compone de 82 páginas y al contrario que el anterior carece de solapas, pero en su interior, tras los habituales datos biográficos, se indica: «Presentamos ahora un estudio sobre la caracterización de otra forma narrativa: «...esa viejísima y siempre joven, fascinadora criatura literaria que es el cuento» —según palabras del autor. Y preguntándonos por la esencia de esta forma tan cultivada en la actualidad nos dice Baquero Goyanes: «En la creación de un cuento solo hay tensión y no tregua. Ahí radica precisamente el secreto de su poder de atracción sobre el lector»[21]. Dos colores tenía ahora la cubierta: rojo, con dibujos fantásticos en negativo (un castillo medieval-romántico, un globo, un dragón y un velero bergantín) y negro, únicamente para las letras. La obra contó con dos ediciones, la de 1967 y otra en 1974.

La valoración que la crítica ha hecho sobre estos dos libros baquerianos ha sido positiva en todo momento. A su importancia como síntesis definidoras se han referido varios autores, entre ellos Fernando Carmona que destaca la apertura de su autor al caracterizar a través de estos dos trabajos los géneros novelescos ya que «parte del carácter flexible que permite el cruce con otros géneros —ensayo o documento, poesía, drama, etc.—; intenta también caracterizar la novela por su género narrativo más próximo, el cuento, dejándonos las más penetrantes páginas sobre el cuento y la novela corta»[22]. Por su parte, García Berrio valora la aportación de Baquero al conocimiento y análisis de ambos géneros narrativos en relación con los planteamientos teóricos que luego habrían de hacer furor en la teo-

---

21. Edición de *Qué es el cuento,* Buenos Aires, 1967, p. 4.
22. *Monteagudo,* 87, 1984.

ría literaria moderna: «Caracterizaciones fundamentales en la teoría de la prosa de los formalistas rusos, difundidas modernamente a los teóricos de todo el mundo, como la de la estructura del cuento como campanada o nota lírica instantánea en oposición al componente prolongado, discursivo, del texto novelesco, constituyen ya arraigadas formulaciones intuidas por Baquero»[23]. Sin embargo, lo que más llama la atención es que estas dos obras aparecieran en el mercado editorial internacional como dos «esquemas», como dos resúmenes dentro de una colección argentina en la que figuraban síntesis sobre todo lo divino y humano: la filosofía, el impresionismo, el existencialismo, la belleza, el protestantismo, la ciencia, el fauvismo, la teoría de la relatividad, el problema moral, el socialismo y un largo etcétera. Y no deja de ser llamativo que, tras haber publicado esta colección *El cuento español* de Enrique Anderson Imbert (con el número 46), se insistiera en que nuestro autor presentara también su librito sobre el cuento. No es extraño, por todo lo señalado, que la fama de Baquero en estos terrenos y dentro del hispanismo fuese a partir de estas dos obras muy reconocida y quizá la prueba más sobresaliente en este sentido es el homenaje que se le dedicó en la Universidad Nacional de Cuyo, en Mendoza (Argentina) al año siguiente de su muerte, donde un grupo de profesores de aquel país, coordinados por Emilia de Zuleta, realizaron unas jornadas sobre la narrativa, teniéndolo como maestro indiscutible en el conocimiento de los géneros narrativos[24].

Una relectura de *Qué es la novela* y de *Qué es el cuento* constituye para los alumnos de Mariano Baquero un regreso a sus clases en la Universidad de Murcia. Multitud de ejemplos aducidos en estos dos libros eran el soporte habitual de sus clases sobre narrativa, el método y la forma de relacionar géneros y tendencias es el reflejo de aquella capacidad suya de poner en contacto elementos literarios distantes para alcanzar una mejor comprensión del mensaje textual. *Qué es la novela* se constituye, por su parte, en un acertado resumen de los elementos y

---

23. Op. cit., p. 370.
24. *Homenaje a Mariano Baquero Goyanes. Jornadas de Estudio sobre Narrativa,* Universidad Nacional de Cuyo, Mendoza, 1985.

conceptos que luego desarrollaría en las *Estructuras de la novela actual,* aunque aquí se lleva la ventaja de su carácter divulgador. Quien quiera conocer bien el género novela debe partir de este resumen inicial, porque en él va a descubrir lúcidos planteamientos sobre el género en sí, partiendo de su propia definición. Algo tan lógico como saber «qué es la novela» se complica inmediatamente si se observa a través de un decurso histórico. Precisamente, la virtualidad diacrónica del enfoque permite a Baquero diseñar para la novela el concepto de género abierto, «flexible» lo llama exactamente él. En contra de opciones canónicas de signo clásico, la novela como género híbrido, complejo, admite una libertad que redunda en su extraordinaria complejidad. Complejidad que se acentúa porque Baquero acierta plenamente al estudiar la criatura no «en teoría», sino «en historia», es decir observando claramente los distintos tipos y las diferentes modalidades que la historia de la novela universal nos ha deparado. No procede realizar, por supuesto, un parafraseo de las ideas aportadas por Baquero en estas obras, ya que el lector las tiene en las manos y su inmersión en ellas es la mejor garantía de comprensión y entendimiento de lo realizado por Baquero, por lo que al texto nos remitimos.

Hay, sin embargo, en el primer epítome un apartado que creo que merece una especial atención por lo dilucidador que puede resultar para el lector actual de novelas. Me refiero al capítulo de las «técnicas narrativas», cuyo contenido tan útil puede ser para analizar una novela. Resume Baquero, en sorprendente brevedad espacial, las más representativas técnicas que la novela ha poseído a lo largo de la historia. Y plantea claramente, como base de la técnica narrativa, la posición del narrador. Los conceptos, hoy tan manejados, de tercera persona, coro o colectividad, punto de vista, primera persona, epistolar, monólogo interior, forma dialogada y segunda persona, son valorados en sus dimensiones teórica e histórica, descubriendo con estas bases las posibilidades diferenciales para el análisis de una novela de perfecta aplicación ante el estudio de una obra de este género. El mismo Baquero, cuando realizaba la valoración, análisis estructural y técnico de las novelas de un autor hacía brillante aplicación de los conceptos aquí expresados, que, dada su multiplicidad, siempre son útiles en mayor o menor medida para tal o cual novela. Un ejemplo lo podemos encontrar, por citar sólo uno, en la introducción a su edición de la novela de Pedro Antonio de Alarcón *El Escándalo* en Clásicos Castellanos. Su análisis de las estructuras de las novelas alarconianas, y no sólo de *El Escándalo,* parte justamente de los principios teóricos aquí, en este libro, explicados. Y concluye con la afirmación de carácter ya histórico de que Alarcón era, ante todo, un gran constructor de novelas. Una lectura interesante del epítome que nos ocupa se completaría con la aplicación de estos principios teóricos realizada por Baquero en alguna novela, como en el caso citado.

Otro de los aspectos técnicos que llamó la atención de Baquero y que queda expresado en las mismas páginas es el de la confluencia de «tiempo» y «tempo» en la novela. Pues bien, una feliz aplicación de estos conceptos la podemos hallar en otro trabajo suyo, entre varios. Me refiero ahora al artículo publicado en *Don Juan Manuel VII Centenario* y recogido también en *Literatura de Murcia,* que se titula «Perspectivismo en el *Conde Lucanor*», en el que, entre otros cuentos juanmanuelinos, se analiza el del Deán de Santiago, famoso en todo el mundo por la versión de Jorge Luis Borges en *Historia universal de la infamia.* El análisis de los diferentes tiempos utilizados en el relato pone de manifiesto la aplicación universal en el análisis de la novela de los planteamientos teóricos de Baquero, expresados en el «esquema» que nos ocupa.

La conclusión de *Qué es la novela,* tras un panorama sobre la situación de la novela actual, es esperanzadora para el género, y su vigencia es notoria veintiseis años después de haber sido escrita: «¿Se habrá convertido la novela en algo distinto del instrumento de diversión que en otras épocas pudo ser, aun con la más artística de las formas? Quizá esta transformación se haya iniciado en la época anterior, quizá no pueda ser considerada tan siquiera como transformación. Lo que resulta evidente es que el hombre actual sabe que tras el arte de narrar se esconde hoy el signo de su época, quizá el de su porvenir. En un momento de insólita gloria para la novela, pero también de tremenda responsabilidad para sus creadores».

Qué es el cuento es aún más singular y su éxito fue aún mayor, ya que el género, un auténtico desconocido entre los estudiosos de la literatura en aquellos finales de los sesenta (todavía no habían aparecido las traducciones al español de los formalistas rusos), necesitaba un enfoque teórico que aunara reflexiones y delimitara especies y clases de cuentos que desde que el mundo es mundo existen en todas las literaturas. Quién mejor para realizar esta labor que el único estudioso español que se había sumergido en la cuentística del siglo XIX español y había escrito una tesis de más de setecientos folios sobre el desarrollo decimonónico de esa criatura literaria. Y, en realidad, Baquero lo único que hizo en este libro fue exactamente lo que decíamos antes, ayudado esta vez de su valiosa capacidad de síntesis: aunó reflexiones y delimitó especies y clases.

La criatura literaria que conocemos por «cuento» no es una especie fácil de caracterizar. Quizá su brevedad, que es la nota peculiar que con más facilidad la distingue, es al mismo tiempo la provocadora de las mayores dificultades. Por eso, el estudio de Baquero es de un interés especial. Parte en él de la definición del término, que ya revela en su desarrollo diacrónico, una gran confusión con otras palabras que podrían servirnos para distinguir a esta especie narrativa. Desde luego, lo conseguido en el apartado referido a «cuento popular y cuento literario», en su espléndida sencillez, es absolutamente necesario para comprender lo que el concepto «cuento» supone para el lector medio. Ni qué decir tiene que las referencias al siglo XIX, dictadas desde su experiencia investigadora son sobresalientes, como lo es también el análisis del cuento en relación con parientes literarios cercanos, como son las leyendas y tradiciones, los artículos de costumbres, los poemas en prosa, las novelas cortas y la novela...

Por una preferencia personal, quiero destacar el admirable capítulo sexto, referido al cuento y la poesía. Creo que Baquero abre caminos muy interesantes para la investigación posterior en sus reflexiones sobre el parentesco de cuento y poesía, pero lo que es más destacable delimita funciones del cuento y posibilidades que sólo son comprensibles si se tienen en cuenta los parentescos a que nos venimos refiriendo. El lirismo como constituyente esencial del cuento es un hallazgo definitivo para entender el alcance y las peculiaridades de la especie, y se puede asegurar que este rasgo es precisamente el que lo hace más diferente y distante de su pariente mayor, en la estimación general, la novela. La ya famosa definición que Baquero estableció para el cuento pasa necesariamente por su relación con la lírica y no está de más que la recordemos nuevamente: «El cuento es un preciso género literario que sirve para expresar un tipo especial de emoción, de signo muy semejante a la poética, pero que no siendo apropiada para ser expuesta poéticamente, encarna en una forma narrativa próxima a la de la novela, pero diferente de ella en técnica e intención. Se trata pues de un género intermedio entre poesía y novela, apresador de un matiz semipoético, seminovelesco, que sólo es expresable en las dimensiones del cuento».

Siguiendo el mismo esquema que para el librito dedicado a la novela, termina Baquero su ensayo haciendo amplia referencia a las modalidades que adopta o puede adoptar el género y a las técnicas con las que se construye a lo largo de su historia. En estas dos últimas instancias vuelve a ponerse de relieve la complejidad del género y su apertura como género en el que es posible todo tipo de experiencias literarias y narrativas.

Dos libros, pues, fundamentales para el conocimiento total de los géneros narrativos en ellos analizados —la novela y el cuento— al mismo tiempo que necesarios para conocer la evolución particular de los géneros en la literatura española, ya que, a pesar de las constantes referencias universales, a los lectores hispánicos ambos libros estaban destinados. La gran prueba de Baquero en estas dos obras fue el ejercicio de la síntesis y los resultados, pasados los años, mantienen la misma vigencia que cuando salieron ambos libros de las prensas bonaerenses que los imprimieron.

Francisco Javier Díez de Revenga

BIBLIOGRAFIA

a) **Publicaciones de Mariano Baquero Goyanes**

1. LIBROS

El cuento español en el siglo XIX, Revista de Filología Española, anejo L, C.S.I.C., Madrid, 1949.

Problemas de la novela contemporánea, Ateneo de Madrid, Madrid, 1.ª ed., 1951; 2.ª ed. 1956.

La prosa neomodernista de Gabriel Miró, Publicaciones de la Real Sociedad Económica de Amigos del País, Murcia, 1952.

La novela naturalista española: Emilia Pardo Bazán, Publicaciones de la Universidad, Murcia, 1955. 2.ª Edic. Cátedra Mariano Baquero Goyanes y Secretariado de Publicaciones. Universidad de Murcia, 1986.

La novela española vista por Menéndez Pelayo, Editora Nacional, Madrid, 1956.

Prosistas españoles contemporáneos, Ed. Rialp, Madrid, 1956.

Azorín y Miró, Publicaciones de la Universidad, Murcia, 1956.

Qué es la novela, Ed. Columba, Buenos Aires, 1.ª ed. 1961; 2.ª ed. 1966; 3.ª ed. 1975.

Proceso de la novela actual, Ed. Rialp, Madrid, 1963.

Perspectivismo y contraste (De Cadalso a Pérez de Ayala), Ed. Gredos, Madrid, 1963.

Qué es el cuento, Ed. Columba, Buenos Aires, 1.ª ed. 1967. 2.ª ed. 1974.

Estructuras de la novela actual, Ed. Planeta, Barcelona, 1.ª ed. 1970; 2.ª ed. 1972; 3.ª ed. 1975. 4.ª ed. Literatura y Sociedad, Castalia, en prensa.

Visualidad y perspectivismo en las «Empresas» de Saavedra Fajardo, Academia Alfonso X el Sabio, Murcia, 1970 y *Murg.,* 61, 1970.

Emilia Pardo Bazán, Publicaciones Españolas, Madrid, 1971.

Temas, formas y tonos literarios, Ed. Prensa Española, Madrid, 1972.

Literatura Española, 2.º (Colab. V. Polo García y F. J. Díez de Revenga), Anaya, Salamanca, 1976.

Literatura Española, 3.º (Colab. V. Polo García y F. J. Díez de Revenga), Anaya, Salamanca, 1977.

Literatura de Murcia, Biblioteca Murciana de Bolsillo, Academia Alfonso X el Sabio, Murcia, 1984.

2. EDICIONES

Leopoldo Alas, Clarín, *Cuentos,* Oviedo, 1953 y *ECC,* 1978.

Antología de cuentos contemporáneos, Ed. Labor, Madrid, Barcelona, 1961.

Juan de Timoneda, *El Patrañuelo,* Ed. «Novelas y cuentos», Madrid, 1968.

Gabriel Miró, *Años y leguas,* Ed. Salvat, Madrid, 1970; 2.ª edic. 1971; 3.ª edic. 1983.

Armando Palacio Valdés, *Tristán o el pesimismo,* Edic. Narcea, Madrid, 1971.

Emilia Pardo Bazán, *Un viaje de novios,* Ed. Labor, Barcelona, 1971.

Pedro Antonio de Alarcón, *El escándalo,* Clás. Castellanos, Espasa-Calpe, Madrid, 1973.

Miguel de Cervantes, *Novelas Ejemplares,* Editora Nacional, Madrid, 1976, 2.ª edic. 1981.

Francisco Cano Pato, *La palabra encendida,* Academia Alfonso X el Sabio, Murcia, 1977.

José Cadalso, *Cartas Marruecas,* Bruguera, Barcelona, 1981.

Francisco Ayala, *Muertes de perro. El fondo del vaso,* Espasa-Calpe, Madrid, 1981.

Francisco Alemán Sainz, *Cuentos,* Academia Alfonso X el Sabio, Murcia, 1981.

Leopoldo Alas, Clarín, *La Regenta,* Selecciones Austral, Espasa-Calpe, Madrid, 1984. 2.ª edic. 1985 . Colección Austral.

3. ESTUDIOS Y ARTICULOS

«Una imagen poética de San Juan de la Cruz», *RUO,* XIX-XX, 1944.

«Clarín, novelista olvidado», *RUO,* En-Jn, 1946.

«Unas citas de Alarcón sobre la fealdad artística», *BBMP,* XXII, 1946.

«Clarín y la novela poética», *BBMP,* XXIII, 1947.

«Sobre el realismo del *Persiles*», *BBMP,* XXIII, 1947.

«Los imprecisos límites del cuento», *RUO,* En-Ab, 1947.

«La literatura narrativa asturiana en el siglo XIX», *RUO,* En-Ab, 1948.

«El cuento popular español», *Arb,* 1948.

«Tiempo y «tempo» en la novela», *Arb,* 1948.

«Sobre la novela y sus límites», *Arb,* 1949.

«Clarín, creador del cuento español», *CLit,* V, 1949.

«La novela y sus técnicas», *Arb,* XVI, 1950.

«Barroco y Romanticismo», *AUMur,* 4, 1949-50.

«Una novela de Clarín: *Su único hijo», AUMur,* 2, 1951-52.

«Exaltación de lo vital en *La Regenta», AO,* II, 1952, y *ECC,* 1978.

«Elementos rítmicos en la prosa de Azorín», *Clav,* 15, 1952.

«Clarín, novelista», *Ins,* 76, 1952.

«Sobre un posible retorno a la novela de acción», *Arb,* 1953.

«El tema del Gran Teatro del Mundo en las *Empresas* de Saavedra Fajardo», *Mont,* 1, 1953, y *Mont,* 86, 1984.

«*Adolphe* y *La pródiga», Ins,* 88, 1953.

«La educación de la sensibilidad literaria», *Red,* II, 1953.

«*Gulliver* y *El enano», Ins,* 93, 1953.

«Perspectivismo y crítica en Cadalso, Larra y Mesonero Romanos», *Clav,* 30, 1954.

«La novela española de 1939 a 1953», *CHA,* 67, 1955.

«La novela como tragicomedia. Pérez de Ayala y Ortega», *Ins,* 110, 1955.

«*Fallimur opinione* de Saavedra Fajardo», *Mont,* 12, 1955.

«Trayectoria de la novela actual», *Ins,* 117, 1955.

«Compromiso y evasión en la novela actual», *Arb,* 1956.

«El entremés y la novela picaresca», *EDMP,* t. VI, 1956.

«Tiempo y vida en el *Cántico* de Guillén», *CHPJG,* 1956 y *JGUM,* 1984.

«Elogio de la palmera y menosprecio del ciprés, de Saavedra Fajardo», *Mont,* 15, 1956.

«Retórica y ritmo en Azorín y Baroja», *Mont,* 20, 1957.

«La novela española en la segunda mitad del siglo XIX», *HGLH,* V, 1958.

«*Praesidia maiestatis,* de Saavedra Fajardo», *Mont,* 21, 1958.

«Perspectivismo y sátira en *El Criticón*», *HBG,* 1958.

«Teatro y novela: *Requiem para una mujer,* de Faulkner», *Mont,* 23, 1958.

«*Los claveles* de Polo de Medina», *Mont,* 26, 1959.

«Las caricaturas literarias de Galdós», *BBMP,* XXXVI, 1960.

«Prerromanticismo y retórica: Antonio de Capmany», *HDA,* I, 1960.

«Ortega y Baroja frente a la novela», *AUMur,* XVIII, 1959-60.

«El hombre y lo humano en la novela actual», Universidad Internacional Menéndez Pelayo, Santander, 1961.

«Realismo y utopía en la literatura española» *SI,* I, 1962.

«Dualidades y contrastes en Ramón Pérez de Ayala», *AO,* XII, 1962.

«Cervantes, Balzac y la voz del narrador», *Atld,* III, 1965.

«Réalisme et utopie dans la litterature espagnole», *TR,* 1964.

«Perspectivismo y desengaño en Feijóo», *Atld,* III, 1965.

«Valle-Inclán y lo valleinclanesco», *CHA,* 199-200, 1966.

«Moravia y el *nouveau roman*», *Atld,* IV, 1966.

«Perspectivismo y ensayo en Ganivet», *AUMur,* XXV, 1966-67.

«El hombre y la estatua (A propósito de un cuento de Rubén Darío)», *CHA,* 212-213, 1967.

«Los cuentos de Azorín», *CHA,* 226-227, 1968 y *ECN,* 1983.

«Perspectivismo irónico en Galdós», *CHA,* 250-52, 1970-71, y *ECG,* 1971.

«Las novelas de José Ballester» *HJB,* 1972.

«Los cuentos de Baroja», *CHA,* 265-67, 1972, y *ECB,* 1972.

«La perspectiva cambiante en Galdós», *HC,* 1972.

«Las cerezas del cementerio», *CTC,* I, 1973.

«Introducción literaria», *Murcia,* Fundación Juan March, Noguer, Barcelona, 1976.

«Cinco variaciones sobre el tema de las nubes», *SHHRL,* 1976.

«Antonio Pérez Gómez y la literatura murciana de cordel», *CHAP,* 1976 y *Mont,* 55, 1976.

«Naranjos y claveles en el jardín poético de Polo de Medina», *PMTC,* 1976.

«Cervantes y Ayala ante el relato breve», *CHA,* 329-330, 1977.

«El cuento sin desenlace», *HMC,* 1976-77.

«Carmen Conde desde Murcia», *Mont,* 62, 1978.

«Engaño óptico-engaño moral (Tres ejemplos del *Quijote)»,* *LHAP,* 1978.

«Seis variaciones sobre el tema de las manos», *RUC,* 8, 1979.

«Actualidad de Gabriel Miró», *Mont,* 65, 1979.

«Los capítulos apócrifos del *Quijote»,* *ELAEOD,* 1979.

«Un marco para *El sombrero de tres picos»,* *CTC,* III, 1979.

«Los cuentos de Gabriel Miró», *HGM, 1979 y ECN,* 1983.

«De Miró a Pérez de Ayala», *Mont,* 71, 1980.

«Francisco Alemán Sainz y *Monteagudo»,* *Mont,* 75, 1981.

«Los «cuentos largos» de Clarín», *LCN,* 7, 1981.

«Perspectivismo en el *Conde Lucanor»,* *DJMC,* 1982.

«Comedia y novela en el siglo XVII», *SPFLC,* 1983.

«Elementos rítmicos en la prosa de Azorín (Y una carta inédita de José Martínez Ruiz)», *AA,* I, 1983.

«Virgilio, personaje literario», *SV,* 1984.

«Narración y octosílabos en la prosa de Cristóbal Lozano», *ESO,* 1984.

«Pintura y literatura: El espacio secuencial», *AO*, XXXIII, 1985.

«Sobre el tema de las nubes en Azorín», *Orbe*, 1985.

4. VOLUMENES COLECTIVOS Y REVISTAS

AA.— Anales Azorinianos, Casa-Museo Azorín, Monóvar.

AO.— Archivum. Facultad de Filosofía y Letras. Oviedo.

Arb.— Arbor. Consejo Superior de Investigaciones Científicas. Madrid.

Atld.— Atlántida. Madrid.

AUMur.— Anales de la Universidad de Murcia.

BBMP.— Boletín de la Biblioteca Menéndez Pelayo. Santander.

Clav.— Clavileño. Madrid.

CLit.— Cuadernos de Literatura. C.S.I.C. Madrid.

CHA.— Cuadernos Hispanoamericanos. Instituto de Cultura Hispánica. Madrid.

CHAP.— Cuaderno-Homenaje a Antonio Pérez Gómez, Academia Alfonso X el Sabio, Murcia.

CHPJG.— Cuadernillo-Homenaje al Poeta Jorge Guillén. Real Sociedad Económica de Amigos del País. Murcia.

CTC.— El comentario de textos, Castalia, Madrid.

DJMC.— Don Juan Manuel VII Centenario. Universidad de Murcia-Academia Alfonso X el Sabio, Murcia.

ECB.— Pío Baroja, El escritor y la crítica, Taurus, Madrid.

ECC.— Leopoldo Alas «Clarín», El escritor y la crítica, Taurus, Madrid.

ECG.— Benito Pérez Galdós, El escritor y la crítica, Taurus, Madrid.

ECN.— *La novela lírica,* El escritor y la crítica, Taurus, Madrid.

EDMP.— *Estudios dedicados a Menéndez Pidal.* Madrid.

ELAEOD.— *Estudios de Literatura y Arte dedicados al Prof. Emilio Orozco Díaz,* Universidad de Granada.

ESO.— *Estudios sobre el Siglo de Oro. Homenaje a Francisco Ynduráin,* Madrid.

HBG.— *Homenaje a Baltasar Gracián.* Zaragoza.

HC.— *Homenaje a Casalduero.* Ed. Gredos. Madrid.

HDA.— *Homenaje a Dámaso Alonso. Studia Philologica.* Ed. Gredos. Madrid.

HGLH.— *Historia General de las Literaturas Hispánicas.* Barcelona.

HGM.— *Homenaje a Gabriel Miró (Estudios de crítica literaria),* Facultad de Letras, Universidad de Alicante.

HJB.— *Homenaje a José Ballester.* Ed. H. de A. Zamora. Murcia.

HMC.— *Homenaje al Prof. Muñoz Cortés,* Universidad de Murcia.

Ins.— *Insula,* Madrid.

JGUM.— *Jorge Guillén y la Universidad de Murcia,* Universidad de Murcia.

LCN.— *Los Cuadernos del Norte,* Oviedo.

LHAP.— *Libro-Homenaje a Antonio Pérez Gómez,* Ediciones de la Fonte que mana y corre, Cieza.

Mont.— *Monteagudo.* Cátedra Saavedra Fajardo. Universidad de Murcia.

Murg.— *Murgetana,* Academia Alfonso X el Sabio, Murcia.

Orbe.— *Orbe.* Yecla.

PMTC.— Polo de Medina. Tercer Centenario, Academia Alfonso X el Sabio, Murcia.

REd.— Revista de Educación. Madrid.

RUC.— Revista de la Universidad Complutense, Madrid.

RUO.— Revista de la Universidad de Oviedo.

SHHRL.— Studia Hispanica in honorem Rafael Lapesa, Gredos, Madrid.

SI.— Studi Ispanici. Milán.

SPFLC.— Serta Philologica F. Lázaro Carreter, Cátedra, Madrid.

SV.— Simposio Virgiliano, Sección de Filología Clásica, Universidad de Murcia.

TR.— La Table Ronde. París.

b) Estudios sobre Mariano Baquero Goyanes

Agulló Vives, Carmen: «Principio y fin de un magisterio singular», *Homenaje a Mariano Baquero Goyanes,* Mendoza, 1985.

Almela, Ramón: «Alfa y omega de una adjetivación», *Mont,* 87, 1984.

Barceló Jiménez, Juan: «Mariano Baquero y la Academia Alfonso X el Sabio», *Mont,* 87, 1984.

Barceló Jiménez, Juan: «Perfil humano y murcianismo a través de *Literatura de Murcia*», *Murg,* 68, 1985.

Belmonte Serrano, José: «Baquero Goyanes y sus relaciones con la literatura murciana a través de *Monteagudo*», *Mont,* 87, 1984.

Calero Heras, José: «Según don Mariano Baquero...», *Mont,* 87, 1984.

Cantero Pérez, Ramón: «Baquero y los cuentos de Alemán Sainz», *Mont,* 87, 1984.

Cantero Pérez, Ramón: «Un «cuaderno indeterminado» de Mariano Baquero», *Murg,* 69, 1986.

Carmona Fernández, Fernando: «Mariano Baquero y la caracterización del género novelesco», *Mont,* 87, 1984.

Cifo González, Manuel: «Mariano Baquero Goyanes y Pedro Antonio de Alarcón: la estructura de *El Escándalo», Mont,* 87, 1984.

Clémessy, Nelly: «Presentación» a Mariano Baquero Goyanes. *La novela naturalista española: Emilia Pardo Bazán,* Cátedra Mariano Baquero Goyanes y Secretariado de Publicaciones, Universidad de Murcia, 1986.

Delgado, Santiago: «El Suplemento Literario de *La Verdad* (1980-81), una colaboración entusiasta de don Mariano», *Mont,* 87, 1984.

Díez de Revenga, Francisco Javier: «*La Regenta,* obra clásica», *Mont,* 85, 1984.

Díez de Revenga, Francisco Javier: «Baquero y Clarín», *Mont,* 87, 1984.

Díez de Revenga, Francisco Javier: *Saavedra Fajardo escritor actual y otros estudios,* Academia Alfonso X el Sabio, Murcia, 1988.

Díez de Revenga, Francisco Javier y Pilar: *Los estudios literarios en Murcia,* Academia Alfonso X el Sabio, Murcia, 1977.

Díez de Revenga, María Josefa: «Baquero ante la narrativa galdosiana» *Mont,* 87, 1984.

Escudero Martínez, Carmen: «La literatura de Gabriel Miró a través de la crítica de Mariano Baquero», *Mont,* 87, 1984.

Esteve Serrano, Abraham: «Baquero Goyanes y la narrativa naturalista de la Pardo Bazán», *Mont,* 87, 1984.

Fernández Polo, M.D. y Hernández Serna, J.: «Baquero Goyanes, investigador en la prensa del siglo XIX», *Mont,* 87, 1984.

Florit Durán, Francisco: «Dos estudios de don Mariano Baquero sobre la relación entre teatro y novela del Siglo de Oro», *Mont,* 87, 1984.

Franco Carrilero, Francisca: «Notas clásicas a un clásico», *Mont,* 87, 1984.

García Berrio, Antonio: «Epílogo. Más allá de los «ismos». Sobre la imprescindible globalidad crítica», *Introducción a la crítica literaria actual,* Playor, Madrid, 1984.

González Vidal, José Mariano: «La amistad y la música (Recordatorio de Mariano Baquero Goyanes)», *Murg,* 66, 1984.

Hernández Sánchez, Eulalia: «Similitud literaria: Baquero y el comentario de textos», *Mont,* 87, 1984.

Hernández Valcarcel, Carmen: «El cuento medieval y renacentista, raíces de la narrativa moderna», *Mont,* 87, 1984.

Hoyos, Antonio de: «Baquero y su lección magistral», *Mont,* 87, 1984.

Jiménez Madrid, Ramón: «Sobre *Estructuras de la novela actual* y otras cuestiones», *Mont,* 87, 1984.

López Estrada, Francisco: «En memoria de Mariano Baquero Goyanes», *Insula,* 455, 1984.

López Martínez, Isabel: «La poesía murciana: Baquero y Cano Pato», *Mont.,* 87, 1984.

Martínez Arnaldos, Manuel: «Baquero y el cuento español del siglo XIX», *Mont,* 87, 1984.

Martínez Cachero, José María: «La época ovetense de Mariano Baquero Goyanes», *Mont,* 87, 1984.

Martínez Ripoll, Domingo: «Presencia de Ortega y Gasset en la obra de don Mariano Baquero», *Mont,* 87, 1984.

Moya del Baño, Francisca: «Baquero y Virgilio: otra lección de humanistas», *Mont,* 87, 1987.

Muñoz Cortés, Manuel: «Baquero Goyanes y la Universidad de Murcia», *Mont,* 87, 1984.

Muñoz Garrigós, José: «Don Mariano: perspectivismo y vida», *Mont,* 87, 1984.

Navarro Carrió, Mercedes: «Las afinidades electivas: Baquero y Pérez de Ayala», *Mont,* 87, 1984.

Oliva Olivares, César: «Don Mariano y la Cátedra de Teatro», *Mont,* 87, 1984.

Paco, Mariano de: «Baquero, el teatro y un texto olvidado», *Mont,* 87, 1984.

Polo García, Victorino: «El Prof. Baquero y la educación de la sensibilidad literaria», *Mont,* 87, 1984.

Pozuelo Yvancos, José María: «Baquero Goyanes y las Novelas Ejemplares», *Mont,* 87, 1984.

Ramón Trives, Estanislao: «El *perspectivismo* como radical modo de ser epistémico, estético-crítico y vivencial en don Mariano Baquero», *Mont,* 87, 1984.

Sánchez Rosillo, Eloy: «Una tarde con Mariano Baquero», *Mont,* 87, 1984.

Torregrosa Díaz, José Antonio: «Baquero, editor de clásicos», *Mont,* 87, 1984.

Torres Fontes, Juan: «Mariano Baquero en la Sociedad Económica de Amigos del País (1952)», *Mont,* 87, 1984.

Vera Luján, Agustín: «Cervantes y Ayala», *Mont,* 87, 1984.

Vicente Gómez, Francisco: «Cadalso, las *Cartas Marruecas* y Baquero», *Mont,* 87, 1984.

Villanueva, Darío: «In memoriam. Mariano Baquero Goyanes», *Anales de Literatura Española Contemporánea,* 9, 1984.

Zuleta, Emilia de: «El magisterio de Mariano Baquero Goyanes», *Homenaje a Mariano Baquero Goyanes,* Mendoza, 1985.

c) Homenajes

Estudios literarios dedicados al Profesor Mariano Baquero Goyanes, Universidad de Murcia, 1974.

Monteagudo. Número extraordinario dedicado a Mariano Baquero Goyanes, 87, Universidad de Murcia, 1984.

Homenaje a Mariano Baquero Goyanes. Jornadas de Estudio sobre Narrativa, Universidad Nacional de Cuyo, Mendoza, 1985.

La Novela, Secretariado de Publicaciones, Universidad de Murcia, 1987.

QUÉ ES LA NOVELA

A M.ª Dolores y Arcadio

I

INTENTOS DE DEFINICION

1. Narrar, describir y presentar

Los intentos de definición de la novela presentan la suficiente variedad como para producir desconcierto en el lector que, a través de ellos, pretenda captar la esencia del más dúctil, flexible y huidizo de los géneros literarios.

Es preciso tener en cuenta el punto de arranque histórico-literario de tales definiciones, elaboradas sobre los tipos de novela dominantes en cada época y, por tanto, sujetas a las profundas transformaciones que se han operado y continúan operándose en tan movedizo género.

Las definiciones que pudiéramos considerar de cuño tradicional hacen especial hincapié en la *forma narrativa* que es característica del género, contrastada sobre todo con la *forma dramática* propia de la tragedia y de la comedia. Tal contrastación, unida a determinadas consideraciones históricas, ha venido sirviendo para establecer la tradicional derivación *epopeya-novela*. La mutación decisiva vendría dada por el paso del verso a la prosa, y por la reducción de lo universal (o nacional) a lo particular y específico. Si el poeta épico se dirigía a un auditorio colectivo y le narraba hechos también colectivos, el novelista actúa como narrador personal que se dirige a lectores particulares.

¿Qué subsiste pues de la primitiva epopeya, perdidos el verso y ese trasfondo colectivo o nacional? Subsiste, en el sentir de los preceptistas tradicionales, el procedimiento narrativo y la *objetividad.* Con relación a ésta cabría preguntarse si sobrevive con los mismos rasgos de la épica o ha experimentado algún cambio. El estudio de las diferentes técnicas novelescas nos hará ver que, junto a la objetividad tradicional, se dan en la novela la aproximación al subjetivismo asignado a la lírica, y la formulación dramática, dialogada, propia del teatro.

Con relación al procedimiento narrativo, habría que tener en cuenta lo que Ortega y Gasset decía en 1914, en sus *Meditaciones del Quijote,* al señalar cómo la novela moderna, a diferencia de la poesía épica, es *descripción* antes que *narración.*

La formulación orteguiana pecaba de excesivamente rotunda y el propio autor la afinó o matizó más en 1925, en sus *Ideas sobre la novela,* al distinguir tres etapas fundamentales en el arte de la novela: la *narrativa,* la *descriptiva* y la *presentativa.* En la nueva formulación lo *narrativo* no queda negado, sino diferenciado históricamente y a efectos de predominio, de lo *descriptivo* y lo *presentativo.*

Por su parte, Robert Petsch distingue, incluso en una misma obra, entre *relato (Bericht)* y *descripción (Beschreibung).* En Norteamérica, René Wellek y Austin Warren hablan de *plot* y *characterization,* casi como equivalentes de estructura argumental y de caracterización o descripción.

En líneas generales podríamos decir que las posturas básicas son dos: la de quienes consideran que lo *narrativo* y lo *descriptivo* pueden darse en una misma novela, y la de quienes estiman que la distinción es más profunda y da lugar, incluso, a distintas modalidades novelescas. Así, Ramón Fernández, al estudiar el método de Balzac, ha distinguido entre *récit* y *roman,* considerando que el autor de *Papá Goriot* empleó la primera fórmula, caracterizada por tender a «sustituir el orden de la producción viva por un orden de exposición conceptual, y las pruebas estéticas por pruebas racionales»; es decir, por ser fundamentalmente *narración* de hechos pretéritos, en tanto que el *roman* presenta hechos que tienen lugar en el tiempo con arreglo al orden de la producción viviente.

A la vista de todo lo expuesto parece evidente que lo propio de *narrar* —tanto del épico como del novelesco— es *contar, enumerar* organizadamente unos hechos que, por ir uno tras otro, suelen pertenecer a un pasado totalmente conocido y, por tanto, perfectamente narrable. Pero el *describir* ¿no es también, en cierto modo, un enumerar, un ir situando, uno tras otro, los detalles necesarios para que percibamos lo que el novelista desea poner ante nuestros ojos?

Tal vez sean las dimensiones espacial y temporal las que, sin exclusividad ni excesiva precisión, pudieran servir para intentar la separación de uno y otro procedimiento.

El *describir* alude predominantemente a un ir situando en un espacio dado una serie de rasgos de cuyo conjunto —de cuya sucesiva *enumeración,* o sea: de su ordenación temporal— nacerá la descripción buscada. Se ve, por tanto, que la calidad espacial del describir no excluye la temporal.

El que la *enumeración descriptiva* necesite de un apoyo temporal nos hace ver hasta qué punto ese factor, el tiempo, es el elemento básico de toda novela. Pero esto no obsta el que en un estilo predominantemente descriptivo lo espacial desempeñe un papel importantísimo. Piénsese, por ejemplo, en una novela tan densamente descriptiva, espacial, como *La Regenta,* de Leopoldo Alas (Clarín), en donde el ambiente de una ciudad provinciana española a fines del XIX es tan pormenorizadamente dado a conocer al lector que esa ciudad, Vetusta, rebasa la normal categoría de fondo o decorado para casi alcanzar la de protagonista.

El *narrar,* en cambio, hace referencia a un *enumerar* preferentemente situable en el tiempo. En la citada novela de Alas hay capítulos como el primero o el dedicado a la presentación del Casino y de sus contertulios, eminentemente descriptivos, espaciales, que contrastan con los últimos, ricos en peripecias, que se suceden unas tras otras en el tiempo.

Se puede efectivamente *describir* la catedral vetustense, en esa novela, pero no *narrarla.* Por el contrario, apenas se advierte diferencia en nuestra lengua, entre las expresiones *narrar* o *describir* el duelo de D. Víctor Quintanar, en las páginas fina-

les de la obra. El *describir* hace suponer, en general, una mayor
lentitud —de ahí que Ortega presentara como rasgo propio de
la novela moderna, *presentativa,* su *morosidad*—, un mayor
acarreo de detalles, evitados en el *narrar,* que atiende preferentemente a la pura noticia o información del hecho.

Apurando el problema de nomenclatura, cabría buscar diferencias entre el simple *describir* y el orteguiano *presentar.*
Evidentemente no son la misma cosa, y, para Ortega, *presentar*
suponía un estadio más avanzado que el de la *descripción,* situable en la novela del XIX.

Posiblemente la diferencia entre *describir* y *presentar* haya
que hacerla fijándose en el *modo,* en la *manera.* No otra cosa
parece desprenderse de la interpretación orteguiana de la novela moderna.

Tal vez el describir suponga siempre, en el fondo, un cierto énfasis, un subrayado explícito o latente, que el *presentar*
trata de excluir o amortiguar, operando esencialmente mediante alusiones. (De ahí que no sean *presentativas* tantas novelas
naturalistas del siglo XIX, en las que no sólo no se le evita nada
al lector sino que se los abruma con mil detalles.)

Como quiera que sea, ya predomine lo *narrativo* —es el
caso de los relatos medievales y renacentistas, donde lo sustan-
cial era la presencia de un muy definido argumento, de una *relación de hechos*—, ya lo *descriptivo* —como ocurrió en la novela del XIX—, ya lo *presentativo,* parece evidente que, de una
forma u otra, ha de subsistir en toda novela un mínimo de historia o trama y, por lo tanto, una más o menos ostensible estructura narrativa. No cabe descartar sin embargo la pretensión —más teórica que realizable— de escribir una novela *sin
historia ni personajes,* tal como Alain Robbe-Grillet lo intenta
con gran talento en la actual novela francesa.

2. Ficción y realidad

En cuanto al elemento ficcional, aunque a algunos críticos
les parece base más sólida para sobre ella construir una defini-

ción de novela, tiene sus quiebras también, a poco que se estudie la cuestión.

Los preceptistas tradicionales solían apoyar en ese elemento, unido a la forma narrativa, su definición de la novela. Así, Hugh Blair en sus *Lectures on Rhetoric and Belles Lettres* (1782), definía la novela como *historia ficticia* y la incluía en el mismo grupo que las obras históricas, los diálogos y las cartas.

En España, en 1881, Narciso Campillo, en su *Retórica y Poética o Literatura preceptiva,* escribe: «Novela es una narración ordenada y completa de sucesos ficticios, pero verosímiles, dirigida a deleitar por medio de la belleza».

Con un criterio muy positivista Campillo exige *verosimilitud* a la *ficción,* olvidándose de tantas y tantas manifestaciones novelescas realizadas de espaldas a tal exigencia y de cara a la más ilimitada fantasía, desde los precedentes clásicos de un Luciano a algunos relatos modernos de un Marcel Aymé.

El carácter ficcional de la novela, en que tanto hincapié han hecho los preceptistas, es compartido con otros géneros e incluso atribuido a toda obra literaria. En la novela tal carácter queda especialmente subrayado por su oposición a la *historia,* que relata, narra hechos reales. Tal diferenciación cuenta con el clásico antecedente de aquel tan glosado y comentado pasaje de la *Poética* de Aristóteles en que éste contrapone el oficio del poeta al del historiador, y llega a decir que «la poesía es más filosófica y doctrinal que la historia».

En este texto se han apoyado frecuentemente los defensores de la poesía para contestar a quienes discutían su necesidad o utilidad. Todavía en nuestro tiempo Toynbee, en su tan conocido *Estudio de la historia,* ha podido decir que el drama y la novela no presentan ficciones, ficciones completas y nada más que ficciones respecto a las relaciones personales. Si lo hicieran así, su producto, en vez de merecer la alabanza de Aristóteles de que era más filosófico que la historia, consistiría en fantasías absurdas e intolerables. Cuando llamamos a una obra literaria una obra de ficción —considera Toynbee—, decimos sólo que los personajes no podrían identificarse con personas vivas de carne y hueso, ni los incidentes con ningún suceso particular que haya realmente ocurrido. Sólo queremos decir que la obra tiene un primer plano personal ficticio; y si no mencionamos que el fondo está compuesto de hechos sociales auténticos, es simplemente porque esto parece tan evidente que lo damos por descontado. En efecto, reconocemos que el más alto elogio que podemos hacer de una buena obra de ficción es decir que se parece a la vida, y que el autor revela un conocimiento profundo de la naturaleza humana.

Por la misma razón se suele decir con frecuencia que las buenas novelas nos informan mejor de la naturaleza humana que muchos tratados de psicología.

Aun así, los juicios adversos tuvieron gran fuerza en determinadas épocas. Conocida es la prevención de los moralistas españoles de los siglos de oro contra las modalidades narrativas pastoril y caballeresca. Humanistas como Juan Luis Vives y fray Luis de León, escritores ascéticos como Malón de Chaide, teólogos como Melchor Cano, incluso erasmistas como Juan de Valdés, se pronunciaron contra esos géneros novelescos, considerados embusteros y nocivos moralmente. Tales prevenciones fueron las que impidieron el paso de novelas o, al menos, su impresión en el Nuevo Mundo. Una real cédula de 1531 prohibía que pasasen a las Indias «libros de romance de ystorias vanas y de profanidad como son el *Amadís* y otros desta calidad», por estimarse que su lectura podía ser nociva para los indios, dado el carácter mentiroso de tales libros.

Cuando Cervantes, en el *Quijote,* trata humorísticamente el caso de aquellos lectores que, como el propio hidalgo, consideraban ciertos los hechos relatados en los libros de caballerías y sostenían que, de no ser así, tales obras no hubieran merecido la aprobación real para su publicación, hacía algo más que presentar la hiperbólica caricatura de un lector tan delirante que confundía ficción con realidad. Menéndez y Pelayo, en sus *Orígenes de la novela,* pudo aportar los suficientes ejemplos o casos históricos, relativos a lectores de muy varia condición social que, en los siglos de oro, padecieron confusiones o enajenaciones próximas a la del hidalgo manchego. El no sentir la ficción como tal es el gran secreto y hasta la esencia misma de la novela, poseedora de ese mágico poder, que Ortega llamaba *hermetismo,* capaz de hacernos olvidar momentáneamente nuestro mundo real, para dejarnos apresados en otro fictivo, tan denso y apasionante que no nos permite escapar.

En sus *Notas de un novelista* (1954) el gran escritor argentino Eduardo Mallea ha escrito unas líneas de encendida defensa del ingrediente fictivo que toda novela conlleva, tan denostado en otros tiempos al ser identificado con embuste y frivolidad: «Llamamos ficción a la novela —escribe Mallea—, pero esta ficción, abocada a sus leyes últimas, observada en sus consecuencias, demuestra ahora el fenómeno de haber sido más veraz que mucha historia. La historia recoge el acto, o el acto de los actos, pero no hay acto hacia fuera que se pruebe superior o distinguible respecto del acto de adentro, y de ahí que un crimen como el crimen de Raskolnikov sea tan poca cosa en tanto que acto, al lado de las potencias o contingencias interiores de que surgió, y a las que la justicia, en estado puro, vuelve, para ponderarlas, para tenerlas en cuenta, ya que sin la historia de esos actos interiores es incompleta, o sea: es injusta».

Pese a todo lo expuesto y a la tradicional y universal aceptación de lo *fictivo* como elemento primorial de la novela, habría que tener en cuenta aquellos casos, relativamente abundantes, en que el narrador apenas inventa o finge, contentándose con poco menos que recoger de la historia o de la realidad cotidiana lo que ésta le ofrece, y aderezarlo en forma novelesca.

Evidentemente hay casos que podríamos considerar tangenciales entre la *historia* y la *novela,* dados por modalidades literarias tan conocidas como la de la *biografía novelada* —a lo Emil Ludwig, Stefan Zweig, André Maurois, etc.—, y la de la *novela histórica,* tan característica de los años románticos, con Walter Scott y sus abundantes imitadores.

El criterio normal se resiste, de todas formas, a aceptar como *novelas* los relatos biográficos del tipo de Zweig o Maurois, considerándolos, en todo caso, como una especial modalidad de obras históricas en forma amena. Por el contrario, la *novela histórica,* por más que se apoye en datos reales, cae de lleno en el dominio de la ficción, por obra y gracia de la libre y creadora manipulación a que el novelista somete ese material arrancado al pretérito, entreverado de invención y convertido en novela de muy diversas formas. Junto a las novelas históricas que se caracterizan por el rigor documental, la veracidad y hasta la inserción, en apéndices, de las fuentes utilizadas —tal es el caso de *Ekkehard* de Victor von Scheffel—, contrastan aquellas otras en que la apoyatura histórica es mínima y sirve de fácil disparadero para una imaginación calenturienta y fantástica a lo Dumas o, en las letras españolas del XIX, a lo Fernández y González. En algunos casos no importa tanto la pulcritud de la reconstrucción histórica como el entramado espiritual que tras ella alienta. Y así más que de *novela histórica* me atrevería a calificar de *novela humanística* una obra de tan considerable grandeza como es *La muerte de Virgilio* de Hermann Broch.

Pero no es sólo el relato histórico la única especie novelesca que se apoya en la realidad. En cierto modo —y de ahí el tan traído y llevado problema del realismo— toda novela se nutre de la hora histórica en que nace, y la refleja con mayor o menor exactitud. Tal circunstancia puede funcionar como una ventaja o un inconveniente, según convierta al novelista en un sensible intérprete de su tiempo o en un seco cronista del mismo.

Lo que es cierto —y la historia literaria nos ofrece de ello abundantes ejemplos— es que algunas de las más grandes novelas de todos los tiempos no son simples ficciones o frutos de la imaginación, sino que proceden, en su arranque generador, de algún suceso real que conmovió al novelista y le proporcionó la materia inicial de su creación literaria.

Conocido es el caso del escritor francés Henri Beyle (Stendhal). Este es uno de los más grandes novelistas de todas las épocas, pero también uno de los que menos originales han sido en cuanto a la invención de temas, extraídos unas veces de obras ajenas —v. gr., *Lucien Leuwen,* relato inspirado por el que escribió y confió a su corrección una dama, amiga suya, Mme. Jules Gaulthier—, de crónicas italianas —*La abadesa de Castro*—, o de una crónica judicial —*Rojo y negro*—.

En las novelas próximas al reportaje suele ser también escaso el elemento fictivo. En ellas encontramos, bien explícita, la presencia de unos elementos reales, sean los sucesos bélicos del *Stalingrado* de Plievier, sean los sacerdotes-obreros de *Los santos van al infierno* de Cesbron. ¿Habría que incluir también en este sector de las novelas escasamente ficcionales, aquellas, tan abundantes hoy, cuya trama viene a ser una apenas disfrazada autobiografía del autor? Los narradores románticos como Chateaubriand, Constant, etc., gustaron de dar forma novelesca a sus personales cuitas. Después, Marcel Proust, con su prodigioso transmutar en una de las más ricas creaciones novelescas su vida y sus recuerdos, abrió un ancho camino al autobiografismo novelesco.

A veces la publicación de una novela de este tipo suscita en la crítica un actitud de desconfianza en torno de la capacidad creadora de su autor. Así, en las actuales letras españolas, Carmen Laforet ha sido considerada por un cierto sector de la crítica como la autora de una sola novela, bastante próxima a su vida, *Nada*. Fue menester que esta novelista publicara luego *La isla y los demonios, La mujer nueva* y unas colecciones de cuentos, para que los escépticos se convencieran de que, pese al apoyo autobiográfico, había —hay— en ella la suficiente capacidad creadora como para considerarla actualmente una de las figuras más importantes de la novela contemporánea española.

Este caso resulta expresivo con relación al viejo problema de cómo un material tomado de la realidad —ya se trate de sucesos del pasado, evocados a través de la historia; ya del presente en que escribe el novelista; ya de hechos o actitudes de su personal existencia— se transforma en ficción novelesca por virtud de la imaginación creadora, que no se contenta con transcribir o reproducir mecánicamente, sino que opera artística, interpretativamente, transfigurando y modificando esos datos reales al someterlos a la especial presión y tono que comporta todo mundo específico novelesco.

3. La invención y los temas

Puede que, de vez en cuando, convenga recordar aquello que Cervantes decía de sí mismo, en el *Viaje del Parnaso,* autocalificándose de «raro inventor».

Tal parece ser la condición del novelista. Se trata de *inventar* en el sentido etimológico de encontrar, de hallar un tema, susceptible de encarnar en la textura literaria que conocemos por *novela*. Cada novelista sabe dónde hallar sus temas, sea en las zonas de la realidad o en las de la fantasía y el sueño.

En ocasiones lo de menos es el *dónde* se encuentran los temas, y aun estos mismos. Lo importante es la actitud del escritor frente a ellos. Si ese escritor es un genuino novelista, la captación y expresión de esos temas cristalizará en forma novelesca.

Con esto no quiero decir que un mismo tema admita diferentes expresiones literarias —lírica, dramática, novelesca—, pues si en ocasiones, no muy frecuentes, tal cosa es posible, lo normal es que exista una evidente adecuación entre temas y géneros literarios. El escritor dotado de una sensibilidad específicamente novelesca contempla y configura el mundo desde ella, seleccionando los temas de acuerdo con esa capacidad suya.

Un ejemplo curioso lo ofrece, en la literatura española del XIX, Pedro Antonio de Alarcón. Uno de sus actuales comentaristas y editores, Luis Martínez Kleiser, ha señalado documentalmente cómo, antes de 1874, Alarcón había propuesto al famoso poeta y dramaturgo José Zorrilla que escribiera una comedia sobre el tema tradicional del romance del *Molinero de Arcos*. Al no hacerla el autor del *Tenorio,* se decidió Alarcón a escribir su tan conocido relato *El sombrero de tres picos.*

Alarcón, con certero instinto literario, percibía los valores teatrales del tema —que explican la conversión en *ballet* de *El sombrero de tres picos*— y por eso se lo brindaba a Zorrilla. Pero luego, a la hora de enfrentarse el propio Alarcón con el tema desechado por el dramaturgo, la óptica eminentemente novelística del escritor andaluz confirió al tema, sugerido como teatral, una configuración limpiamente narrativa. Alarcón no era ningún ideólogo, ni ningún poeta. Era sencillamente un narrador, y por eso dio forma narrativa a lo que había visto como teatro *realizado por otro.*

Con todo lo expuesto corremos el riesgo de intentar una

definición de la novela *ad hominem,* es decir, referida a lo que el novelista es. No otro valor tiene la ya apuntada consideración acerca de la relativa falta de importancia que, en ocasiones, presentan los temas, por lo menos en contraste con la que tiene la forma decididamente novelística con que el narrador ha de encararlos.

Sabido es que en 1925 Ortega y Gasset, en sus *Ideas sobre la novela,* aludió al agotamiento de los temas novelescos. Por su parte Wladimir Weidlé, en *Les Abeilles d'Aristée,* dedicó un primer capítulo a lo que él llamó «El crepúsculo de los mundos imaginarios». ¿Son ambos fenómenos una misma cosa —agotamiento de temas, agotamiento de la imaginación creadora— o dos aspectos de un mismo fenómeno? En cualquier caso, uno y otro parecen aludir a una merma o descenso del elemento ficcional.

Ortega consideraba que tal merma, que tal falta de temas nuevos para explotar novelísticamente, podía quedar compensada con el necesario refinamiento técnico y con el ahondamiento en el análisis psicológico. Weidlé, con muy eslava actitud, ligaba la crisis de los mundos imaginativos a una falta de fe. «La verdad profunda, religiosa y moral, contenida en el dicho de que el hombre sólo puede salvar su alma cuando la ha perdido, es asimismo la condición inevitable de la creación artística y la ley suprema de toda actividad humana». Demasiado encerrado en sí mismo, el novelista del siglo XX —venía a decir Weidlé— ha perdido casi la comunicación con los restantes hombres.

En cierto modo, las explicaciones de Ortega y Weidlé divergen, aunque su motivación viene dada por el análisis de unos mismos hechos. En tanto que Proust representaba para Ortega —si bien en versión superlativa y, en última instancia, equivocada— uno de los caminos a seguir por los novelistas actuales, carentes de temas, para Weidlé el mismo escritor francés suponía el ejemplo máximo de «creador encadenado a su propio yo, condenado a extraer de sí mismo todo lo que está en su libro genial, encantador y monstruoso».

El asedio realizado hasta el momento, en torno de la novela, nos revela que ésta es un raro producto literario cuyo perfil resulta difícilmente trazable, ya se atienda a la forma narrativa, ya al fondo ficcional. Si la primera no es exclusiva de la novela, puesto que aparece compartida con el relato estrictamente histórico, el segundo confiere estructura de novela a esa forma, pero queda, a su vez, un tanto borroso, dada la imprecisión que rodea a lo fictivo. Pues —según hemos visto— junto a las novelas que se caracterizan por su densa carga imaginativa, existen, en igual o superior número, las caracterizadas por la procedencia real de sus temas y hasta de sus personajes.

Quizá resulte más práctico el admitir como rasgo fundamental del género *novela* su extrema flexibilidad, no compartida, en idéntica proporción, por ninguno de los restantes géneros literarios.

II

FLEXIBILIDAD DE LA NOVELA

Novelistas, críticos y teorizadores de la novela suelen estar de acuerdo en admitir la extrema complejidad y flexibilidad de este género. Así, Henry James, en el prólogo de *Los embajadores,* calificaba a la novela de «*the most independent, most elastic, most prodigious of literary forms*». André Gide, por boca del Edouard de *Los monederos falsos,* dice del *roman* que es «le plus livre, le plus *lawless*» de los géneros. Y un agudo teorizador, Edwin Muir, cree que, entre las formas literarias, la novela es «the most complex and formless».

Al mismo carácter, extrema flexibilidad, ha aludido Roger Caillois al decir: «La novela no conoce límite ni ley, pues su terreno es el de la licencia. Su naturaleza consiste en transgredir todas las leyes y caer en cada una de las tentaciones que solicitan su fantasía. Tal vez no obedezca a mero azar que el desarrollo creciente de la novela en el siglo XIX haya coincidido con el rechazo progresivo de las reglas que determinan la forma y el contenido de los géneros literarios».

Este hecho de que la novela no respete ley alguna y parezca escapar de todo intento de rígida clasificación o delineación, explica bien la predilección que por tal género tuvo Pío Baroja, el cual, en 1925, en el prólogo que escribió para *La nave de los locos,* defendió la que él llamaba *permeabilidad* de la novela. Baroja incluía esta especie literaria entre los *oficios sin metro,* lo que equivale a reconocer que «en la novela apenas hay arte de construir». Tal consideración lleva a Baroja a decir seguidamente:

«En la literatura todos los géneros tienen una arquitectura más definida que la novela: un soneto, como un discurso, tienen reglas; un drama sin arquitectura, sin argumento, no es posible; un cuento no se lo imagina uno sin composición; una novela es posible sin argumento, sin arquitectura y sin composición.

«Esto no quiere decir que no haya novelas que se puedan llamar parnasianas; las hay; a mí no me interesan gran cosa, pero las hay.

«Cada tipo de novela tiene su clase de esqueleto, su forma de armazón y algunas se caracterizan precisamente por no tenerlo, porque no son biológicamente un animal vertebrado, sino invertebrado».

Es evidente que, al defender tal anarquía novelesca, tal libertad creadora, Baroja defiende al mismo tiempo sus propias creaciones, ejemplos de la máxima flexibilidad y permeabilidad, admirables casi siempre, pero muy próximas frecuentemente al socorrido cajón de sastre en el que todo cabe.

Para Baroja la novela, al igual que sus héroes predilectos, es la hija rebelde de la literatura, siempre en trance de revolución y siempre dispuesta a escapar de toda regla.

La extrema flexibilidad de la novela proviene, en gran parte, de sus abundantes posibilidades de cruce con otros géneros, a los que roba elementos, y de cuyos avances expresivos se aprovecha. Eso no quiere decir que la novela sea un mosaico o conglomerado de géneros, obtenido por fusión de varios o de todos ellos. No, las semejanzas y cruces que pueda presentar respecto a los restantes géneros literarios no significan que se trate de un producto obtenido por aglutinación de diferentes elementos. La novela, pese a lo confuso de sus límites, es una criatura literaria con fisonomía y vida propia, completamente distinta de todas las con ella relacionadas, incluso de géneros como el cuento, a ella ligado por lo narrativo, o el teatro, próximo en lo ficcional y en el uso del diálogo.

En el complejo mundo que es la novela cabe el procedimiento narrativo-objetivo que utiliza el poeta épico, junto con el empleo de lo que es la misma esencia del teatro, el diálogo, y junto con la presencia de una intimidad semejante a la del poema lírico. Pero todo esto, al quedar inmerso en ese mundo, al ponerse al servicio de un tema novelesco, adquiere nuevo color y nuevo sentido.

La flexibilidad de la novela explica lo muy fácilmente que este género se transforma bajo la presión de las modas literarias dominantes en cada época. Tratándose de un género que vive, frecuentemente, nutriéndose de lo que a los demás pueda tomar, no debe extrañarnos que suela cruzarse con el que en su siglo predomine. No otra explicación tiene el éxito, en nuestros días, de la que podríamos llamar *novela-ensayo,* a la manera de Huxley, consecuencia del auge y prestigio del género utilizado en el cruce.

Otro ejemplo bien conocido es el de cómo, a consecuencia del éxito de los llamados *documentos del tiempo* —reportajes, memorias, relatos de guerra, crónicas, etc.—, no pocas novelas presentan sus mismas características, llegando a ser difícil, en algún caso, precisar a cuál de los dos géneros pertenece lo que estamos leyendo.

Podría utilizarse también esta explicación para justificar la mixtura de novela y de poesía, dable a veces en épocas en que este último género acusa un cierto predominio, tal como ocurrió en la época romántica o en los años del modernismo. En el caso de las novelas renacentistas y barrocas taraceadas de poesía —como ocurre en Cervantes— habría que distinguir la simple intercalación de poemas, de aquellos otros casos en que la poetización o contagio lírico afecta a la estructura y tono general de la obra, tal como ocurre en algunas novelas pastoriles.

Al hablar de novelas teñidas de poesía, es conveniente diferenciar dos tipos de relato poético: el que lo es por su lenguaje y el que lo es por el tono o calidad de su asunto y por el desarrollo narrativo del mismo. Sólo merecería realmente tal denominación el segundo tipo.

En la época romántica o inmediatamente post-romántica intentó, en las letras españolas, una muy personal especie de relato entre poético y humorístico el extraño escritor Antonio Ros de Olano, venezolano de origen. Después, a fines de siglo, algún relato de Clarín —*Doña Berta,* sobre todo— podría servir de elocuente ejemplo de narración poética, no tanto por el lenguaje como por la tierna y bella manera de desarrollar el asunto. *Doña Berta* parece abrir el camino que conducirá a las logradas *Novelas poemáticas* de Ramón Pérez de Ayala.

La novela poética tiene tanto derecho a la existencia como el teatro poético (o poesía dramática: Gil Vicente, García Lorca, Synge, Yeats, etc.). Ambos casos nos hacen ver que, algunas veces, una emoción originariamente lírica o, mejor, próxima a ella, resulta expresable no sólo en el cauce normal del verso, sino también a través de otros procedimientos expresivos, e incluso sirviéndose del más sencillo y, aparentemente, prosaico y antipoético lenguaje. La acritud expresiva de algunos relatos de Chejov o de Katherine Mansfield no merma su alta tensión poética.

Un caso especialmente interesante de las posibilidades de cruce de la novela con otros géneros literarios lo ofrece la que podríamos considerar modalidad dramática, es decir, la novela en forma totalmente dialogada, y hasta estructurada en actos y escenas.

Pero de estas y otras cuestiones me ocuparé más adelante. Aquí únicamente importaba insistir, a través de algunos ejemplos significativos, en el rasgo unánimemente aceptado como el más indiscutible de la novela: su flexibilidad.

Queda así explicada la libertad máxima de que disfruta este género, y que permitía considerar a Miguel de Unamuno como novelas todas sus obras e incluso —según recuerda Julián Marías— «no pocas de las ajenas, desde la *Ilíada* hasta la *Lógica* de Hegel». Cuando críticos meticulosos negaron ser novelas las que Unamuno publicaba como tales, el autor las bautizó entonces de *nivolas,* burlándose con tal denominación, del rigor de las viejas preceptivas.

En la actual literatura española, Camilo José Cela, continuador en ciertos aspectos de la Generación del 98, ha adoptado una postura semejante a la unamuniana. En el prólogo a *Mrs. Caldwell habla con su hijo* (1953), Cela teoriza sobre su labor narrativa, alude a la flexibilidad que para él tiene el género *novela,* y llega a decir: «Es posible que la única definición sensata que sobre este género pudiera darse fuera la de decir que novela es todo aquello que, editado en forma de libro, admite, debajo del título y entre paréntesis, la palabra *novela*».

Resulta inevitable relacionar esta actitud de Cela —provocada, en cierto modo, por los reproches de quienes discuten la densidad novelesca de sus obras— con la ya citada de Unamuno. Cela no cambia la denominación del género, pero —como Baroja en el prólogo de *La nave de los locos*— admite que todo cabe bajo ese rótulo, *novela,* con lo cual, en sustancia, llega a la misma solución unamuniana. Tanto da denominar *nivola* lo que los críticos niegan sea *novela,* como reservar este término para todo lo que admite forma de libro.

¿Habría quizá que precisar: *libro de una cierta extensión?* El escritor irlandés Frank O'Connor comentaba una vez, con cierto sarcasmo, la definición dada por E. M. Forster del género *novela:* «Cuando E. M. Forster escribió un libro acerca de la novela, aceptó una definición francesa que la calificaba de *obra de ficción, en prosa, de cierta extensión,* aserto indiscutible, como decir que la novela se escribe sobre papel, pero no muy útil».

Sirva o no tal definición, la verdad es que alude a un hecho innegable, inexpresivo en sí, pero que nos conduce a tratar un problema importante: la relación de la novela con otras dos especies literarias muy próximas a ella, la *novela corta* y el *cuento.*

III

LA NOVELA Y LOS GENEROS PROXIMOS
(NOVELA CORTA Y CUENTO)

Al estudiar comparativamente la *novela,* la *novela corta* y el *cuento,* habría que plantear como problema inicial el terminológico, merecedor de estudios importantes como el de W. Krauss, *Novela-novelle-roman.*

En nuestra lengua el término *novela* es un evidente italianismo que, etimológicamente considerado, hace alusión al primitivo carácter de *novedad —novella* como diminutivo de *nova:* nueva— que el género tuvo en sus orígenes, cuando lo realmente importante era no tanto la forma narrativa como el relato mismo, la trama. Las ediciones castellanas del *Decamerón* de 1494, 1496, 1524, 1539, 1543, 1550, traducen *cien novelas,* lo que parece indicar que ya en tiempos de los Reyes Católicos el término *novela* significaba algo.

Incorporado ese término a nuestra lengua, el posteriormente aparecido de *novela corta* parece aludir a un simple problema de extensión, sin más implicaciones.

Y sin embargo la diferencia radical entre uno y otro género reside en algo más que un mayor o menor número de páginas. Posiblemente es la índole de los temas, más que las dimensiones, lo que podría servir de clave con que diferenciar la *novela* del *cuento* y de la *novela corta.* Hay más afinidad entre estos dos últimos géneros, considerados en sus mutuas relaciones, que entre ambos y la novela.

Quitada la extensión, apenas puede apreciarse diferencia intencional y estética entre el *cuento* y la *novela corta.* Por eso D.ª Emilia Pardo Bazán, refiriéndose alguna vez a *El ataque al molino* de Zola y a *Dulce y sabrosa* de Jacinto Octavio Picón, los calificaba de *cuentos largos.*

La novela corta no es un *cuento dilatado,* es un *cuento largo,* cosa muy distinta, ya que la primera denominación se refiere a aumento arbitrario y la segunda alude a un asunto para cuyo desarrollo no son necesarias digresiones, pero sí más palabras, más páginas.

La emoción estética proporcionada por la *novela corta* y por el *cuento* es de signo distinto a la entrañada en la *novela.* En el cuento y en la novela corta, la nota emocional es única y emitida de una sola vez, más o menos sostenida, según su extensión, pero, por decirlo así, indivisible.

La novela es un conjunto de notas emocionales que podríamos comparar con la sinfonía musical, cuyo sentido completo no percibimos hasta una vez oído el último compás, leído el último capítulo. El tono de éste podrá ser distinto del de los anteriores, a diferencia de lo que ocurre en el cuento, animado por un mismo tono emocional, único, sin interferencias, llámense éstas acciones secundarias, paisaje o diálogo accesorio.

Bola de sebo y *La casa Tellier* de Maupassant, *Los campesinos* de Chejov, *En la bahía* de Katherine Mansfield son, entre otros, ejemplos de relatos cuyos límites oscilan entre los del cuento y la novela, y que cabe llamar *novelas cortas,* salvado el equívoco de tal denominación. Pues, a pesar de su acercamiento dimensional a la novela, esos relatos están más próximos al cuento por el tono y calidad de sus asuntos.

De lo que el *cuento* es y de su parentesco con la novela no procede hablar aquí, y me permito remitir al lector interesado a mi libro *El cuento español en el siglo XIX* (Madrid, 1949). En él he tratado de hacer ver hasta qué punto el cuento está ligado por la índole de su concepción —instantaneidad, fulguración de un tema *sólo* expresable en forma de cuento— a la de la poesía lírica.

De una novela se recuerdan situaciones, descripciones, ambiente, pero no siempre el argumento. Un cuento se recuerda íntegramente o no se recuerda. Todo esto parece sugerir que mientras las peripecias de una novela pueden complicarse, no sucede lo mismo en el cuento, cuya trama o situación ha de poseer el suficiente interés o fuerza emocional como para ser recordado de golpe, sin pecar nunca de enmarañado cual una novela en síntesis. Es condición ésta que revela la dificultad del cuento, ya que su autor no puede utilizar los trucos, dables en el folletín y aun en la novela seria, de jugar con el interés del lector escondiendo el desenlace, suspendiendo una acción y entrecruzándola con otra, describiendo reacciones insospechadas. En el cuento los tres tiempos —exposición, nudo y desenlace— de las viejas preceptivas están tan apretados que casi son uno solo. El lector de una novela podrá sentirse defraudado por el primer capítulo, pero quizás el segundo conquiste su interés. En el cuento no hay tiempo para eso, ya que desde las primeras líneas ha de atraer la atención del lector. Si esto ha de cumplirse así, es porque el cuento fue *visto* también súbitamente por su autor. D.ª Emilia Pardo Bazán, que por el número y calidad de sus cuentos era testigo excepcional, decía en el prólogo a sus *Cuentos de amor:*

«Noto particular analogía entre la concepción del cuento y la de la poesía lírica: una y otra son rápidas como un chispazo y muy intensas —porque a ello obliga la brevedad, condición precisa del *cuento*—. Cuento original que no se concibe de súbito, no cuaja nunca». Y la escritora gallega apuntaba a continuación que, a veces, «percibía ideas de cuentos con sus líneas y colores, como las estrofas en la mente del poeta lírico, que suele concebir de una vez el pensamiento y la forma métrica».

Una mejor diferenciación de la *novela* y el *cuento* podría hacerse teniendo en cuenta el distinto manejo que en uno y otro género afecta a elementos aparentemente comunes: caracterización de personajes, diálogos, descripciones de paisajes y ambientes, etc. En la imposibilidad de estudiar aquí esta cuestión en detalle, me limitaré a recordar una vez más el carácter unitario y compacto del cuento, en contraste con el que la novela ofrece, de una mayor variedad y matización en los episodios o partes que puedan componerla. En este aspecto la novela se presenta como heredera de la epopeya, uno de cuyos rasgos más acusados —desde la *Odisea* a la épica renacentista o barroca, a lo Camoens o Tasso— era precisamente la variedad y yuxtaposición de episodios. Por eso Schiller, que consideraba la novela como *seudo-épica,* escribía en 1797 a Goethe: «La meta del poeta épico reside ya en cada punto de su movimiento; por eso no nos precipitamos impacientes hacia un fin, sino que nos demoramos con amor a cada paso». Y también: «La independencia de sus partes constituye un carácter primordial de la poesía épica».

Parecidos o idénticos rasgos podrían conferirse a la novela, género caracterizado por su *morosidad* —según Ortega y Gasset— y por la relativa independencia de sus partes, dada por la variedad de episodios y de personajes. Claro es que esto hay que entenderlo en líneas generales, salvadas las inevitables excepciones como, entre otras, esa prodigiosa novela psicológica —bastante breve, téngase en cuenta— que es el *Adolphe* de Benjamín Constant, escrita en cierto modo por su autor para probar a unos amigos que era capaz de construir un relato mediante una sola y repetida situación y sólo dos personajes fundamentales. Una novela como *Contrapunto* de Aldous Huxley está en los antípodas del relato de Constant. Géneros alejados ya de nuestra sensibilidad como las llamadas novelas *bizantinas,* de amor y de aventuras, revelan claramente esa filiación épica. En *Los trabajos de Persiles y Sigismunda* de Cervantes hay un hilo unificador —como lo hay en la *Odisea* o en *La Divina Comedia*—, pero el movimiento y el atractivo novelesco radican en la variedad de personajes que, a lo largo de la historia, van apareciendo, y en los distintos y yuxtapuestos episodios que tales apariciones traen consigo.

En el cuento y en la novela corta no cabe nada de esto. Por eso nos parece un error, no por generalizado menos considerable, el ponderar a veces un cuento como novela en embrión. Si esto fuere así, podemos estar seguros de que el cuento no será bueno. El narrador no habrá acertado en la elección del tema.

IV

MODALIDADES DEL GENERO

Para estudiar algunas de las principales modalidades novelescas, forzoso será, en ocasiones, tener en cuenta la evolución histórica del género.

Por influencia oriental la novelística europea de la Edad Media gustó frecuentemente de la llamada *narración con marco.* Lo normal era que tal *marco* fuese una trama-pretexto sobre la que se insertaban diferentes relatos breves. Es el artificio que encontramos en el *Calila e Dimna* o el *Sendebar,* en la literatura medieval española, el tan conocido asimismo de *Las mil y una noches,* el utilizado por Chaucer en sus *Cuentos de Canterbury,* el que Boccaccio empleó en su *Decamerón* al tomar como trama-pretexto la peste de Florencia.

La fórmula se prolonga en la literatura renacentista y barroca, en obras como el *Heptamerón* de Margarita de Navarra, *Los cigarrales de Toledo* de Tirso de Molina, las novelas de María de Zayas, etc.

En las obras de este tipo, la importancia radica siempre en los cuentos narrados y no en el marco que los sostiene y justifica. Bien es verdad que en la obra de Chaucer la descripción de los peregrinos resulta casi más sabrosa que algunos de los cuentos por ellos narrados. Por ese camino se llegará a otro tipo de relato relacionado con éste, pero que casi constituye su envés. Me refiero a la *novela con cuentos intercalados,* en donde, claro es, lo importante es la trama general y lo secundario los relatos en ella incrustados.

Cuando Cervantes intercala diversas novelas cortas —como la de «El curioso impertinente»— en el primer *Quijote,* parece actuar, aparentemente, como los continuadores e imitadores de Boccaccio. Pero en un caso como éste, el marco, las acciones de D. Quijote y Sancho, ha dejado ya de ser tal, adquiriendo más importancia que lo enmarcado, tan innecesario, que en la segunda parte de la novela puede decirse que desaparece casi por completo. La «Historia del hombre de la colina» en el *Tom Jones* de Fielding supone un artificio parecido —un cuento inserto en una novela—, y otro tanto cabe decir de los relatos que Dickens intercaló a lo largo del *Pickwick,* mucho menos interesantes que las amables peripecias del personaje central y de sus compañeros.

Una obra como el *Decamerón* no es una novela, sino un conjunto de cuentos. Pese a la agrupación temática establecida en las distintas partes o jornadas, y al hecho de que un mismo personaje aparezca en más de un relato —es el caso del siempre burlado Calandrino—, los distintos cuentos pueden ser leídos aisladamente, por separado.

Otra cosa es aquella modalidad narrativa caracterizada por la yuxtaposición de distintos incidentes, episodios y personajes, relacionados entre sí de alguna manera y ordenándose todos en un conjunto general lo suficientemente compacto y unitario como para constituir una verdadera novela y no un haz de cuentos. Tal es la estructura de los libros de caballerías, de las novelas picarescas, e incluso de algunas de las más grandes creaciones narrativas de todos los tiempos, desde el *Quijote* a *Las almas muertas* de Gogol.

En relación con este procedimiento —variedad de episodios, relacionados entre sí, no obstante, gracias a un eje unificador— cabría recordar otra modalidad narrativa en que los episodios no tienen ya, entre sí, otra conexión que la de un común denominador temático. *El bosque que llora* de Vicki Baum es un extenso conjunto de relatos sobre el caucho, cuyas acciones transcurren en diferentes tiempos y lugares. La unidad viene dada por ese *leit-motiv* que todo lo preside: el caucho.

Frente a estas modalidades existen aquellas otras caracterizadas por la compacidad de una trama única, que puede sernos presentada sin la menor desviación, o bien con las que consideramos normales en el género *novela,* dadas por la multiplicidad de personajes y acontecimientos. *Crimen y castigo* de Dostoyevski posee una trama sólida y única, cuyo desarrollo, no obstante, se caracteriza por las variadas incidencias y por la intervención de bastantes personajes.

Otra modalidad, opuesta a la que acabo de reseñar, es la caracterizada por el *contrapunto de acciones,* relacionadas a veces entre sí, como ocurre en *Los monederos falsos* de Gide, en *Contrapunto* de Huxley, etc.

Del contrapunto de dos acciones es fácil pasar a la mezcla de varias, de muchas de ellas; surgen entonces las novelas llamadas *unanimistas* —como algunas de Jules Romains—, *simultaneístas* —a la manera de la trilogía *U. S. A.* de Dos Pasos, de *La colmena* de Cela, etc.— o simplemente de *acciones múltiples,* ligadas entre sí por un simple apoyo espacio-temporal. Este a veces es muy amplio —toda una ciudad (el Madrid de *La colmena*) e incluso toda una nación (la citada obra de Dos Passos)—, pero otras veces adquiere una muy limitada concreción: la de los novelescos *Hoteles* de Vicki Baum, la del sanatorio antituberculoso de *La montaña mágica* de Thomas Mann.

En algún caso la multiplicidad de acciones y personajes, y lo vasto del cuadro sobre el que todo ello se mueve, confiere a la novela la grandeza épica que, por ejemplo, posee *La guerra y la paz* de Tolstoy. Cuando las acciones y los personajes, sobre ser muy abundantes, pertenecen a tiempos distintos, surgen entonces las series novelescas del tipo de la *Forsyte Saga* de Galsworthy.

Casos hay, como *Los Buddenbrook* de Thomas Mann, en que la historia de toda una progenie nos es descrita en una sola novela. En cambio, en el XIX, la serie de *Los Rougon-Macquart* de Zola supone no tanto un *roman-fleuve* en el sentido moderno, como una serie de novelas relativamente independientes y de índole semejante, en cuanto a su pretensión cíclica, a lo que, también en el XIX, fueron *La comedia humana* de Balzac o las *Novelas españolas contemporáneas* de Galdós. Uno de los recuros más manejados por Balzac, y en él aprendido por Galdós, consistía en hacer aparecer en una novela personajes que ya eran conocidos del lector a través de otros relatos de la serie.

El gusto por las construcciones cíclicas, por la reaparición de personajes, si bien se dio, sobre todo, en la segunda mitad del siglo pasado, no ha desaparecido totalmente en nuestros días. Cualquier lector de Faulkner sabe bien cómo el imaginario condado de Yoknapatawpha sirve una y otra vez de fondo a los impresionantes relatos de este autor. Los Sartoris atraviesan con sus pasiones más de una novela faulkneriana, y otro tanto ocurre con los Snopes, con la Temple de *Santuario* y *Requiem para una mujer,* con el Gavin Stevens de *Intruso en el polvo* y de *Gambito de caballo,* etc. De esta forma el mundo novelesco faulkneriano gana en coherencia, profundidad y amplitud.

V

TIPOS FUNDAMENTALES DE NOVELA

En el capítulo anterior he reseñado sumariamente algunas modalidades narrativas, atendiendo a los distintos modos de relación existentes entre la trama-eje de la acción y los episodios que la integran.

Otro criterio clasificador atiende al distinto predominio en la novela de lo que solemos llamar *argumento,* o bien, de la atención concedida al *personaje* o *personajes.*

Críticos como Edwin Muir distinguen, entre otros tipos novelescos, tres fundamentales: *dramatic novel, character novel* y *chronicles,* fijándose en el predominio de la acción o peripecia (cualquier novela de aventuras serviría de ejemplo), en la atención prestada a una figura o carácter central (la serie de *Torquemada* de Galdós, el *Salavin* de Duhamel, etc.), o en la conjugación de tiempo y espacio fraguando novelescamente y dando lugar a algo así como una amplia visión histórica del tipo de *La guerra y la paz.* Parecida es la clasificación que hace Wolfgang Kayser al distinguir entre novela de *acontecimiento,* de *personaje* y de *espacio.* Como ejemplos de la primera recuerda Kayser las novelas griegas de la época bizantina, del tipo de *Teágenes y Cariclea.* La máxima obra cervantina, el *Quijote,* le parece a Kayser un expresivo *specimen* de la novela de personaje. La ya citada *La guerra y la paz* o las novelas picarescas españolas del XVII ejemplificarían lo que es la novela de espacio.

Estas clasificaciones podrían, simplistamente, reducirse a

la sola diferenciación de dos tipos fundamentales: *novela de acción* y *novela psicológica.* Estas dos modalidades pasan por ser los extremos de un género que, unas veces, podrá caracterizarse por el relato de hechos puramente exteriores, sin atender —o muy escasamente— a la intimidad de los seres que viven esos hechos; y otras, se caracterizará por transcurrir esas acciones almas adentro de los personajes, interesando más entonces el oculto fluir de tales almas que la exterior peripecia.

Una mayor justeza clasificadora nos haría ver que esas dos modalidades novelescas son sólo abstracciones extremas, entre las que caben muchos tipos de narración. Bastaría pensar en ciertas novelas cuya apariencia es la de un típico relato de acción y de aventuras, que, sin embargo, encubre el contenido propio de una novela psicológica.

Es decir que entre la pura e ingenua novela de aventuras a lo Salgari o Mayne Reid, y el ahincado relato psicológico a lo Proust, existe otro género que no me atrevo a calificar de mixto, ya que en toda mixtura parece haber siempre algo de forzado. Y nada menos forzado que esa espléndida combinación de novela psicológica y de aventuras que suelen ofrecer las obras de un Joseph Conrad, por ejemplo.

La geografía, los tipos, incluso las incidencias, son las propias de cualquier novela de aventuras: países exóticos, viajes marítimos, piratas, guerras, intrigas y amor. Pero tras todo esto hay una gran densidad psicológica, perceptible claramente en obras como *Lord Jim,* en donde el encarnizado problema de conciencia del protagonista, con su complejo de cobardía, da lugar a una especie de largo y dolorido monólogo, en el que no importan tanto las peripecias —naufragios, piraterías, episodios bélicos, etc.— como ese mismo atormentado e interesante personaje, *Lord Jim,* cuya silueta moral —objetivo básico del relato— es trazada a través de tales incidencias. Por haber logrado esto Conrad, sus obras son, indudablemente, de una gran pureza novelesca.

A este respecto cabría recordar la pleonástica expresión *novela novelesca,* bastante utilizada a fines del XIX, sobre todo en Francia. Tras tal denominación era corriente ver obras del tipo de *Los tres mosqueteros,* de Dumas. Se deseaba un retorno a los relatos de invención, peripecia y sentimiento, tras el cansancio de las novelas naturalistas, en que tanto contaba lo documental, y de las psicológico-idealistas, de reacción antinaturalista, pero próximas a ellas en la fórmula.

En nuestros días bastantes obras de Graham Greene podrían merecer la vieja calificación de novelas novelescas. En ellas se da esa mezcla de peripecias y análisis psicológicos que, con otros temas y procedimientos, hemos visto en Conrad. El exotismo, las aventuras marítimas de éste tienen ahora su equivalente —en cuanto a densidad de acción— en el tema policiaco de bastantes obras de Greene: *El ministerio del miedo; Brighton, parque de atracciones; Una pistola en venta,* etc.

Otras veces es un fondo de revolución y de aventuras lo que da pie a un relato tan nítidamente psicológico como *El poder y la gloria.* Más que el puro relato exterior de la persecución que sufre el sacerdote mejicano, interesa su propia persecución interior. La aventura está —como en Conrad— en función del personaje, de su psicología.

Consideración especial merece dentro del tipo que Kayser llama *novela de espacio* la modalidad del libro novelesco *de viajes.* En muy diferente proporción el motivo del *viaje* aparece en muchas e importantes novelas de todos los tiempos, desde los orígenes mismos del género, localizables, así considerado, en obras como la *Odisea* y en cuentos como los de *Simbad el marino.*

El trasiego y la movilidad de un viaje o viajes más o menos dilatados son los elementales soportes de las primeras novelas del mundo y, quizá, de algunas de las más significativas especies del género.

Fielding adopta este esquema —por imitación del *Quijote* cervantino— en su *Tom Jones.* En esta obra el tema novelesco del viaje ha adoptado la configuración burguesa, típicamente británica, que encontraremos repetida en Dickens y hasta en Thackeray, más próximo éste a la línea picaresca —cínica e inteligente— en obras como *Barry Lindon.*

El esquema pasa a la literatura de nuestro siglo, a veces con alteraciones tan sustanciales como la que presenta el *Ulysses* de James Joyce. Una ciudad equivale a un mundo y veinticuatro horas a toda una vida. Por eso Joyce escribe esa nueva odisea con el solo periplo de unos personajes en un día de Dublín.

De una u otra forma, el viaje ha acompañado a la novela como la sombra al cuerpo. Si en distintas épocas es fácil comprobar cómo, muy frecuentemente, los límites del libro de viajes y los de la novela casi se confunden —es el caso del *Lazarillo de ciegos caminantes,* de Concolorcorvo, en la literatura hispanoamericana, o, en nuestros días, el de algunas obras de Camilo José Cela fácilmente aproximables, como el *Nuevo Lazarillo* y el *Viaje de la Alcarria*—; si tales posibilidades de cruce y confusión se han dado y siguen dándose, es porque el sentido del viaje, del incesante movimiento, de la mantenida aventura, estuvo siempre muy ligado a la razón de ser de la novela, como género para el que no hay barreras ni limitaciones espacio-temporales, a diferencia de lo que ocurre en el teatro.

Otra modalidad bien conocida, y en cierto modo ligada a la novela llamada *de personaje,* es la *novela de ideas,* convertida a veces en *novela de tesis.* Tales especies tuvieron intenso cultivo en el siglo pasado, en clara correlación con lo que ocurrió en el teatro e incluso en la poesía, animada a veces por pretensiones filosóficas. George Sand y Zola en Francia, Fogazzaro en Italia, Galdós y Blasco Ibáñez en España, son nombres representativos de tal modalidad.

En el pasado siglo —y comienzos del nuestro— tales novelas estaban, claro es, ligadas a los problemas ideológicos de esa época. Las tesis sustentadas a lo largo de las novelas hacen unas veces referencia a problemas religiosos y sociales, a preocupaciones científicas (ley de la herencia) como en el caso de Zola, a inquietudes filosóficas, entre místicas y nacionalistas, como ocurre en las novelas de Dostoyevski, que, de hecho, son bastante más que *novelas de ideas* o *tendenciosas* o lo Sand o Zola.

En nuestro siglo los complejos y aún plurivalentes simbolismos manejados por Kafka en sus obras suponen una nueva versión de la tradicional *novela de ideas,* convertida aquí en novela casi calificable de *metafísica.* Una simbología clara y emocionante es, por ejemplo, la empleada por Albert Camus en esa obra maestra de la literatura actual que se llama *La peste.*

La carga ideológica y filosófica que una novela puede conllevar transparece frecuentemente en ciertas especies de nuestro tiempo como la *novela-ensayo* o *novela humanística.* En el capítulo II se ha aludido ya a este género y se ha recordado el nombre de Aldous Huxley, como uno de sus principales cultivadores. Tal modalidad suele caracterizarse por la falta de una trama, en sentido tradicional, sustituida por la presencia de unos personajes, usualmente refinados y complejos, cuyas actitudes, ideas y, sobre todo, conversaciones resultan de un gran interés.

Algo semejante se encuentra en algunas de las más conocidas obras de Mann, *La montaña mágica* o *Dr. Faustus,* verdaderas *novelas humanísticas,* entendiendo por tales las que, de una manera más o menos exacta y dentro de una adecuación histórico-literaria, se aproximan a lo que entendemos por *humanismo* —y *literatura humanística*— según la expresión acuñada en el Renacimiento.

La que vengo llamando *novela humanística* no es forzosamente una novela *filosófica* que desarrolle, bajo forma de ficción, una teoría o un sistema. Su condición de *humanística* reside estrictamente en la inusual carga cultural que la caracteriza, despojada del estatismo propio del ensayo o de la monografía, y movilizada en el calor y las pasiones de los seres novelescos en que aparece encarnada y repartida.

La *novela filosófica* es otra cosa, si por tal entendemos la apoyada en una concepción digna de ese calificativo. Tal vez *La náusea* de Sartre podría servir de ejemplo de tal modalidad, no demasiado abundante.

VI

LOS TEMAS NOVELESCOS

Las modalidades que hasta el momento he reseñado sucintamente se singularizan por la amplitud de sus rasgos caracterizadores. Si la clasificación hubiera de hacerse con un criterio temático, serían necesarias muchas páginas para tan interminable inventario.

Aun así, parece oportuno dedicar cierta atención a algunas de esas especies temáticas, con la vista puesta, sobre todo, en el estado actual de la novela y no en su pasado. Si tuviéramos que reseñar las modalidades novelescas pretéritas, habría que referirse a géneros prácticamente desaparecidos como la *novela pastoril* del tipo de *La Arcadia* de Sannazaro o la *Diana* de Montemayor, la *novela caballeresca* al estilo del *Amadís de Gaula,* etc. Podrá decirse que alguno de estos géneros no ha desaparecido totalmente, puesto que, con otro sentido y denominación, sobrevive en las letras actuales. Así, la novela *rural* o *campesina* de tono *idílico* sería un eco de la *pastoril;* la de *aventuras,* de la *bizantina* o *caballeresca,* etc. Por lo mismo, aunque la estricta novela folletinesca a la manera de Sué, Paul Feval, Montepin, Ponson du Terrail, etc., haya desaparecido, no puede asegurarse que el género no cuente con descendencia moderna, por ínfima en calidad que ésta sea.

En la imposibilidad de aludir a tantas y tan cambiantes modalidades, me referiré a algunas de las más claramente persistentes. Entre ellas, dos géneros tan dispares en apariencia y de tan añeja estirpe como son la *novela histórica* y la *novela utópica,* transmutada tantas veces en *novela futurista* o de anticipación.

Roger Caillois, al considerar que la novela, entre todos los géneros literarios, es «el más supeditado al ambiente y al instante en que ve la luz», cita el caso de la novela histórica, y recuerda un ejemplo significativo, *Cinco de Marzo,* donde Vigny «atribuye sentimientos románticos a los personajes del siglo XVII que pone en escena».

Parece pues como si el novelista no pudiera prescindir de su presente y éste se transparentara en sus obras, tanto en el caso de que la imaginación novelesca retroceda hacia el pasado, como en el de que se proyecte hacia el futuro. H. G. Wells consideraba —según recuerda Caillois— que las novelas de anticipación apenas pueden librarse de la circunstancia, del mundo que el autor conoce y desde el que escribe, por muy potente que sea su imaginación.

Los dos géneros, opuestos en apariencia, coinciden en ese trasfondo temporal —el presente del novelista—, que subyace tras la escapada al pretérito o al porvenir. Nacida la novela histórica al calor del romanticismo, sirvió, en Walter Scott y en muchos continuadores, para expresar la insatisfacción del europeo sensible del XIX, frente a una sociedad y una civilización que le resultaban inhóspitas y que le hacían evocar, por contraste, unas épocas más bellas, nobles y heroicas, situables casi siempre en una Edad Media más o menos convencional.

La novela histórica no ha desaparecido totalmente del mapa literario actual. Obras como *Los Idus de Marzo* de Thornton Wilder, *La piedra angular* de Zoe Oldenbourg, etc., prueban la no apagada vitalidad de tal género.

En cuanto a la novela futurista cuenta hoy con intenso cultivo, sea en el plano más bien popular de la llamada *sciencefiction,* sea en el dignamente literario de un Huxley —con *Un mundo feliz, Mono y esencia*— o de Orwell —*1984*—, etcétera.

También cuenta con lejanos precedentes la que podríamos llamar *novela campesina* o *rural,* muy cultivada en el siglo pasado, inicialmente bajo la forma de idilios en que el vivir campesino aparecía embellecido y, frecuentemente, contrapuesto a la corrupción ciudadana. Correspondió a los naturalistas destruir este esquema y, desde *La tierra* de Zola, sobre todo, las novelas rurales dejaron ya de reflejar costumbres ejemplares para, al revés, describir incansable y recargadamente los brutales instintos, sordidez, miseria y maldad de las gentes del campo.

El género no ha desaparecido en nuestro siglo y, con nuevas expresiones y distinta motivación, ha encontrado adeptos en narradores como Ramuz en Suiza, Knut Hamsun en Noruega, Giono en Francia, Wiechert en Alemania, etc. En cierto modo algunos relatos de Steinbeck y de Faulkner podrían ser designados también como rurales, si bien suele darse en ellos asimismo —sobre todo en *Las uvas de la ira*— una preocupación social tan densa y explícita que casi los acerca a otra especie narrativa: la *novela social.*

Muy cultivada en el siglo pasado —¿qué género novelesco no lo fue?—, convertida muchas veces en novela de tesis o tendenciosa, ha informado un amplio sector de la literatura norteamericana, desde Dreiser o Upton Sinclair, por ejemplo, a Dos Passos o Erskine Caldwell.

El estudio de la *novela amorosa* o *erótica* exigiría por sí solo un capítulo. Resultaría interesante anotar las muy expresivas modificaciones que tan manejado género ha experimentado a lo largo de los siglos. Desde el amor trágico —a lo *Werther*— al pansexualismo de un Lawrence, pasando por la zona de los amores prohibidos y el homosexualismo —Proust, Gide, etc.— y, por contraste, la actualmente ingenua de los amores infantiles y adolescentes —*El gran Meaulnes* de Alain Fournier, *Fermina Márquez* de Valéry Larbaud, etc.—, habría que distinguir infinidad de matices y tonos en tan extenso dominio narrativo.

La enumeración temática se hace ya imposible. Sería preciso considerar modalidades como la *novela humorística,* la *fantástica,* la de *guerra,* etc., sin contar con otras calificaciones más complejas, muy utilizadas hoy, como la de *novela católica, novela-testimonio,* etc.

Y aún habría que considerar otras modalidades, infraliterarias si se quiere, pero de cierto interés sociológico, como la *novela radiofónica* y las abundantísimas especies menores que globalmente podríamos llamar *novelística de kiosko de periódicos,* supervivencia en ocasiones del añejo folletinismo del XIX, y equivalente ínfimo, en otras, de algunas de las modalidades apuntadas: *novela de aventuras, de guerra, de amor,* etc.

Especial atención merecería la *novela policiaca* —y de hecho viene mereciéndola por parte de destacados intelectuales como Caillois en Francia o Laín Entralgo en España—, por darse en ella con especial fuerza esa doble vertiente a que acabo de aludir. Pues junto a las manifestaciones vulgares del género, no cabe olvidar las que, por diferentes caminos, merecen plena consideración literaria. Antes recordábamos el caso de Graham Greene, al que cabría agregar el de ciertos relatos de Faulkner, como *Intruso en el polvo.* Y en otra escala ya, justo es recordar las obras de Simenon, Dickson Carr, etc.

De todas formas este género —como ha visto bien Caillois— está, en ocasiones, a punto de salirse del dominio de la literatura para entrar en la categoría del acertijo o jeroglífico en el que la apoyatura literaria es sólo eso, un mínimo soporte, escamoteado a veces casi totalmente.

VII

LAS TECNICAS NARRATIVAS

Las técnicas narrativas son tan variadas y tan complejas que, a poco que se quisiera profundizar en ellas, su análisis consumiría muchas más páginas de las invertidas en los capítulos anteriores.

Forzoso será, por tanto, apretar y condensar en éste algunos aspectos relativos a las más apasionantes cuestiones de cuantas se refieren a lo que es una novela.

Entre las formas básicas del relato la más obvia y más antigua —por su proximidad al modo épico— es, quizá, la que se apoya en el uso de la *tercera persona*. La acción novelesca queda entonces narrada desde fuera, objetivamente en apariencia. Pues, de hecho, aunque esta estructura narrativa pueda funcionar como la más imparcial de las formas, la verdad es que muy frecuentemente tras la tercera persona del relato se percibe, con mayor o menor claridad, la primera persona del narrador. Este ordena y califica los hechos del relato, matiza y comenta, posee, en definitiva, la tan decantada *omnisciencia,* que ha dado lugar a que esta fórmula haya podido ser considerada como una de las más artificiosas y menos realistas.

En algunos casos esa *omnisciencia,* ese poder o dominio del novelista sobre acciones y seres se hace más patente, al dejar oír su voz el narrador en alguna expresiva acotación e incluso en algún diálogo con el lector. En los años románticos la presencia del narrador, a través del relato en tercera persona, se acentuó intensamente e incluso llegó a convertirse en un amanerado artificio. En las letras españolas del XIX, Fernán Caballero y Pedro Antonio de Alarcón, sobre todo, no sólo se permiten introducir su voz en la acción, glosando y subrayando episodios, anticipando hechos y definiendo moralmente a sus personajes, sino que incluso llegan a fingir diálogos con el lector.

Todo ello fue juzgado después, por los naturalistas, como un constante atentado contra la verosimilitud novelesca. Y por reacción se propugna una total impasibilidad, un completo apartamiento del narrador, el cual debe presentar acciones y personajes, absteniéndose de todo comentario y evitando manifestar simpatías o antipatías. Tal es la técnica objetiva preconizada por un Flaubert o un Maupassant, en las letras francesas.

De todas formas, tal objetivismo no pasó de ser, en algunos casos, una mera pretensión teórica. De hecho, los más grandes novelistas europeos del XIX no evitan la presencia del narrador en los relatos en tercera persona. Por el contrario, en las novelas de Stendhal, de Dickens, de Thackeray, de Dostoyevski, de Tolstoy, escuchamos, indisfrazada y frecuentemente, la voz misma del narrador. En algún caso —*La feria de las vanidades* de Thackeray— la omnisciencia del novelista es tal, que lo lleva a comparar a sus personajes novelescos con unos muñecos cuyos resortes mueve a plena voluntad. (La independización del personaje se da ya, sin embargo, en algunas novelas del XIX. Dickens se reconocía incapaz, por doloroso que le resultara, de salvar de la muerte a la Nelly de *Almacén de antigüedades*. En el camino de esa emancipación de los personajes dotados ya de vida propia y hasta rebeldes frente a su creador, la tan conocida obra de Unamuno, *Niebla,* supone un paso decisivo).

A veces la presencia del narrador se hace tan explícita que cristaliza, incluso, en forma de comentario autocrítico sobre la marcha de la novela. Un ejemplo clásico lo encontramos en las muy frecuentes intromisiones de Cervantes en la acción del *Persiles,* tan significativas algunas como la del comienzo del capítulo II del libro segundo: «Parece que el volcar de la nave volcó, o, por mejor decir, turbó el juicio del autor de esta historia, porque a este segundo capítulo le dio cuatro o cinco principios, como dudando qué fin en él tomaría».

Un ejemplo moderno lo ofrece André Gide en *Los monederos falsos*. Así, al final del capítulo XIII de la primera parte dice que todo lo escrito poco antes no tenía otra finalidad que poner «un peu d'air» entre las páginas del *Journal* de Edouard. En el capítulo VI de la segunda justifica el uso del adjetivo «inexplicable». Y a lo largo de todo ese capítulo compara el autor su situación con la del viajero que, llegado a lo alto de la colina, se sienta y descansa antes de reemprender la marcha. De la misma forma, el novelista se detiene, recobra el aliento y se pregunta con inquietud adónde va a llevarlo su relato.

A veces la persona del narrador se diluye en una especie de coro o colectividad. Así, en *El espanto en la montaña* de Ramuz, el narrador no es ninguno de los protagonistas, pero parece estar siempre presente en la acción, aún cuando ésta no transcurra ante sus ojos, y en ocasiones nos deja percibir su persona en expresiones plurales como «hemos salido todos», «echándonos al camino», etc. Algo semejante, en cuanto a expresarse como miembro de una colectividad que conoce o contempla los acontecimientos, es lo que hace Faulkner en ciertos pasajes de *Luz de agosto*.

Para evitar la omnisciencia, sin prescindir de la objetividad entrañada en la tercera persona, algunos novelistas han manejado la técnica llamada, desde Henry James, del *punto de vista*. El gran escritor norteamericano no se contentó con manejar inteligentemente tal técnica, sino que teorizó acerca de ella en los prólogos de algunas de sus novelas. Con tal técnica se pretende suprimir la visión y estimativa propia del narrador, trasladándola a uno o varios personajes, desde los cuales —desde cuyas perspectivas— aparecen configurados y presentados al lector los hechos novelescos. James no pone a su lector en contacto directo con la acción novelesca, sino más bien a través de lo que algún o algunos personajes opinan de esa acción, a través de un punto de vista o conciencia intermediaria. La técnica de James fue muy imitada en Norteamérica —desde Willa Cather, por ejemplo, a Hemingway— e incluso en la novela europea actual. En ocasiones, la *perspectiva* desde la que el relato nos es presentado puede ser tan curiosa y original como la manejada por Virginia Woolf en *Flush,* donde los amores y boda de Robert Browning con Elisabeth Barret nos son dados a conocer desde lo que viene a ser el *punto de vista* del perro de la poetisa.

Por este camino llegamos a la consideración del relato caracterizado por el uso de la *primera persona.* Con tal recurso el autor puede expresar su personal punto de vista sin romper la verosimilitud artística. Este relato subjetivo, autobiográfico, puede adoptar diversas formas, que van desde la pura narración en primera persona a las memorias, cartas, diarios, etc. La llamada *novela epistolar* viene a ser, en ciertos casos, una subespecie de la modalidad apuntada, en la cual la acción nos es dada a conocer a través de las cartas de uno o más personajes.

Prescindiendo de antecedentes medievales —como la *Cárcel de amor* en la literatura española del siglo XV—, la *novela epistolar* puede considerarse como un género que Richardson puso de moda en el siglo XVIII, imitado por Rousseau en su *Nueva Eloísa.* Aquí, el artificio narrativo es algo más que retórica, pretende ser sondeo psicológico de almas sensibles. Si comparamos *La nueva Eloísa* con otra importante novela francesa, *Las relaciones peligrosas* de Choderlos de Laclos, preciso es reconocer que el procedimiento epistolar ha experimentado un violento viraje. Lo que en Rousseau era tierna sensibilidad, musical concierto de apasionadas voces amantes, se trueca en Laclos en cínico, inteligente y amoral perspectivismo. He aquí un nuevo camino del procedimiento epistolar: fría presentación de diversas voces, de distintos y aún opuestos puntos de vista. Este perspectivismo, esta ambigüedad de personajes y acciones parece prolongarse luego en otras novelas epistolares francesas, tan diversas como puedan serlo *La puerta estrecha* de Gide y *Climas* de Maurois.

En cuanto al genuino relato en primera persona, es decir, con carácter autobiográfico, ha experimentado también muchas y significativas mudanzas. Así, a nadie se le oculta el muy diferente sentido que tiene el relato en primera persona de la novela picaresca tradicional —*Lazarillo, Guzmán de Alfara-*

che, Buscón, etc.—, contrastado con el relato en primera persona de las novelas románticas a lo *Obermann, René,* etc. En éstas el escritor utiliza la primera persona porque narra desde la pasión subjetiva, porque lo que más le interesa es su yo y a él quiere acercarnos por medio de su relato. En la novela picaresca no es tanto el *yo,* la personalidad del pícaro, lo que interesa, como el mundo en que éste se mueve, conocido a través de sus ojos, atalaya crítica de una sociedad y de una época.

Desde Marcel Proust la narración en primera persona se ha alejado bastante del esquema romántico a lo Chateaubriand o Fromentin. Hoy se narra muchas veces en primera persona no para ejercer una sátira social —caso de bastantes novelas picarescas—, o para librarse de un enfermizo lastre sentimental —caso de Goethe con su *Werther*—, sino más bien para dar algo así como fe de vida.

La tendencia al autobiografismo en la novela actual es tan excesiva que —como ya se dijo al contrastar las actitudes de Ortega y Weidlé— ha hecho pensar alguna vez en su no casual conexión con el pretendido agotamiento de temas o de capacidad imaginativa de los novelistas.

La proporción de elementos autobiográficos que caben en una novela es muy varia, y su tratamiento depende, muchas veces, de ciertas convenciones o actitudes vigentes en las distintas épocas. Así, en la victoriana parece predominar en Inglaterra una sensación de compostura o pudor que impide a Dickens personalizar demasiado en su *David Copperfield,* con ser ésta una novela sustentada en su propia vida. Su padre queda transformado en el grotesco pero amable señor Micawber. Su desventurado matrimonio experimenta una compensatoria mutación novelesca. Dickens deslíe lo autobiográfico en lo novelesco, imaginativo, de una manera tal, que ha podido decirse que en *David Copperfield* el narrador resulta menos real que otros personajes de ficción.

El paso de estas técnicas, en las cuales los elementos autobiográficos suelen ser sometidos a muy intensa manipulación artística, a la propia de nuestro tiempo, puede representarlo elocuentemente la obra de Proust. Como Carmen Castro ha estudiado certeramente, fue el suyo un vivir escribiendo, un ir transformando la personal existencia en textura novelesca.

Desde Proust, la narración en primera persona equivale no tanto a una doliente confesión sentimental a lo Chateaubriand, como a un testimonio existencial del tipo del presentado por Sartre en *La náusea*. Por eso apuntaba antes que hoy se narra muchas veces en primera persona para dar fe de vida. Proust, tras su *Busca del tiempo perdido,* cree encontrar el sentido de éste precisamente en su obra escrita, en la novela cíclica que ha ido surgiendo durante la *recherche*. Por lo mismo, el Antoine Roquentin de *La náusea,* en medio del «sinsentido» de la existencia y de la nada a la que se cree abocado, encuentra algo parecido a una solución —o una irónica apariencia de tal— en el hecho de recoger sus experiencias en un libro.

Un procedimiento objetivador relacionado con este de la primera persona es el del llamado *monólogo interior* o *fluir del subconsciente*. Diferentes autores y críticos, entre ellos Oskar Walzel y Albert Thibaudet, han estudiado este recurso. E. Dujardin lo define como un procedimiento con el cual introducir al lector en el interior de un personaje, sin intervención ni comentario del novelista. Sartre, en su ensayo *¿Qué es la literatura?,* alude a la introducción del monólogo interior en las letras francesas, refiriéndose a los antecedentes de Schnitzler, Joyce y Valéry Larbaud, y tratando de explicar el significado de esta técnica, que él mismo ha empleado en sus novelas.

El recurso no es tan moderno como parece. Dorothy Richardson, novelista inglesa, afirmó haberlo inventado en 1915, en *Pointed Roofs*. Después, y sobre todo a raíz del *Ulysses* (1925) de James Joyce, ha sido recurso muy utilizado por Virginia Woolf, Hemingway, Faulkner, etc. Se han encontrado precedentes anteriores a la obra de Dorothy Richardson. Así, en ciertas páginas de Fielding, Samuel Butler, Jane Austen, Dickens, Dostoyevski, Tolstoy —el capítulo del suicidio de *Ana Karenina*—, Conrad, etc. Se ha recordado asimismo que en 1890 William James, en sus *Principios de psicología,* estudió lo que él llamaba el fluir de la conciencia (*the stream of consciousness*), es decir, el a veces incoherente y caótico monólogo interior que Joyce había de consagrar literariamente.

Algunas novelas hay caracterizadas por la sola sucesión de distintos monólogos interiores, correspondientes a otros tantos personajes, y presentados rotatoriamente, unos tras otros, sin soldadura narrativa, tal como ocurre en *Mientras agonizo* de Faulkner.

Si el monólogo interior aspira a desnudar las almas de los personajes, instalando al lector en lo más recóndito de sus subconscientes, hechos audibles para él, la novela en *forma dialogada* pretende algo semejante en un plano normal y consciente, al permitirnos escuchar lo que piensan y sienten los seres cuyos diálogos leemos. Cuenta la novela dialogada con muy lejanos ejemplos y, al igual que en otros de los casos apuntados, cabría distinguir en la evolución de esta técnica diferentes intenciones y significados.

La novelística clásica española ofrece algún significativo ejemplo —*El coloquio de los perros* cervantino— en que el diálogo tiene una ascendencia lucianesca y es, en definitiva, un marco humanístico y erasmista. En realidad, *El coloquio,* aunque tenga forma de tal y se atenga en su estructura a los de Erasmo, es un relato en primera persona, la correspondiente al perro Berganza, frente al cual Cipión actúa de débil contrapunto o de comentarista moralizador.

Recuérdese que Ortega llegó a definir la novela como la categoría del diálogo, considerando que este elemento es a la novela lo que la luz a la pintura. Fue tal consideración la que llevó a Ortega a ver en el *Quijote* la novela por excelencia, la novela en pureza. A este propósito subrayaba cómo ya el Avellaneda del *Quijote* apócrifo decía del de Cervantes que en él casi todo era comedia.

De aquí pasó Ortega, en sus *Meditaciones del Quijote,* a considerar la novela como *tragicomedia:* «La línea superior de la novela es una tragedia; de allí se descuelga la musa siguiendo a lo trágico en su caída. La línea trágica es inevitable, tiene que formar parte de la novela, siquiera sea como el perfil sutilísimo que la limita. Por esto, yo creo que conviene atenerse al nombre buscado por Fernando de Rojas para su *Celestina*, tragicomedia. La novela es tragicomedia».

Claro es que Ortega dijo esto pensando más en lo intencional que en lo formal, pero aun así no deja de ser significativo que presentara como ejemplo de su definición *La Celestina,* obra que, como en el siglo XVII *La Dorotea* de Lope de Vega, puede ser interpretada legítimamente como *novela dialogada.*

No otra cosa son, asimismo, ciertas novelas de Benito Pérez Galdós, en algunos casos convertidas luego, por él mismo, en obras teatrales, v. gr., *Realidad.* Aquí el diálogo es un elemento objetivador que permite ofrecer al lector unos hechos sin interposición del narrador, suprimida la voz de éste. Galdós calificaba tales obras de *novelas intensas* o *dramas extensos.*

Distinto es el caso, en el XIX, de Dickens, muy atento al diálogo de sus criaturas novelescas y muy influido por los procedimientos teatrales. (Recuérdese que el propio Dickens daba lecturas públicas de sus obras, dramatizándolas en cierto modo). Sin embargo, no hay en él un verdadero prurito objetivador, sino más bien tendencia a lo pintoresco, a lo emocional, al énfasis teatralizador.

Las novelas dialogadas de Pío Baroja —como *La casa de Aizgorri*— podrían ser interpretadas como una consecuencia de la aversión a la retórica, que llevó al novelista vasco a descarnar descriptivamente sus narraciones, a evitar el subjetivismo sentimental, a llegar incluso a ese puro hueso del diálogo, en el que, con el ensamblaje de unas pocas acotaciones, unos personajes actúan y viven ante el lector, sostenidos por el mínimo artificio imaginable.

En el *Requiem para una mujer* de Faulkner (adaptado a la escena por Albert Camus) la estructura es totalmente teatral. En esta novela el diálogo, antes que un recurso objetivador, es, sobre todo, el excipiente adecuado para un antiguo y noble género literario: la tragedia. Efectivamente, se ha dicho muchas veces que esta obra de Faulkner es algo así como una tragedia griega planteada en el mundo de hoy. Por lo tanto, el diálogo no hace más que verificar y acentuar con la retórica adecuada la índole trágica de una gran novela moderna. Un *Requiem* posee, de hecho, una estructura dialogada, es un rezo y una música, un sucederse de cantos y respuestas, de solistas y de coros.

El título de la obra de Faulkner está al servicio de esa intención simbólico-musical.

¿Quedan agotadas todas las formas narrativas con las tan sumariamente descritas de la tercera, la primera persona y la estructura dialogada? En líneas generales uno se sentiría inclinado a dar una respuesta afirmativa, pero la realidad impone otra actitud más cauta.

Así, un novelista francés contemporáneo, Michel Butor, ha empleado con indudable acierto en *La modificación* una nueva forma consistente en el relato en segunda persona. La voz del narrador se dirige al protagonista del relato y, mientras éste viaja en tren desde París a Roma, le va recordando todo un complejo proceso psicológico que, antes de concluir el viaje, experimenta una rotunda transformación. Al dirigirse el narrador al personaje, adoptando la segunda persona, el lector del relato queda prácticamente identificado con el protagonista. Bernard Pingaud, en un interesante estudio, «Je, Vous, Il», publicado en 1958 en *Esprit,* tras pasar revista a las formas narrativas tradicionales, primera y tercera persona, analiza el *vous* de *La modificación,* considerando que con su empleo Butor ha querido señalar que la modificación sufrida por su personaje nos concierne a todos. El *vous* da al libro su sentido moral. De hecho, y con técnica muy en consonancia con la tendencia a hacer participar o colaborar al lector en la estructuración e interpretación de tantos relatos actuales, nos mete dentro de la novela, no ya como espectadores, sino como poco menos que convertidos en el personaje central.

En el estudio de los procedimientos narrativos habría que tener en cuenta aún —claro es— otros muchos aspectos, independientemente ya de la forma empleada (tercera, primera persona, etc.).

Así, la cuestión de la *rapidez* o *lentitud* narrativa, realmente importante por cuanto, en última instancia, está ligada al sentido y valor que el tiempo tiene en toda novela. Con razón ha dicho Frank O'Connor: «En cualquier novela el personaje principal es el tiempo».

En el tiempo se mueven los seres de una novela y del tiempo se sirve el autor para montar sobre él su mundo imaginario.

Pues existe un tiempo novelesco —el de la acción imaginaria— y otro real —el que se invierte en su lectura—. Toda una vida humana puede sernos referida en menos de una página, y, por el contrario, un acto brevísimo, que dura unos segundos, al ser descrito en una novela puede llenar varios minutos de lectura. En el ciclo novelesco de Proust encontramos descritas y analizadas sensaciones e incidencias cuya duración efectiva sufre un aumento, una dilatación, al ser transformada en duración narrativa: es el caso del tan conocido pasaje en que el narrador besa la mejilla de Albertina. El beso es levísimo, fugaz, pero su descripción ocupa más de dos páginas. Proust ha desmontado el gesto rápido de acercar los labios a la cara de una mujer, transformando un acto que parecía único e indivisible en una serie de ellos, y ofreciéndonos un conjunto de sucesivas y cambiantes actitudes psicológicas.

Ejemplos de cómo el novelista maneja el factor temporal los tenemos incluso en las más bajas manifestaciones literarias. Considérese que el éxito de las llamadas novelas por entregas y de los folletines reside no tanto en el interés truculento de la acción, como en la habilidad con que el autor va dosificándola, aunque sea dentro de un ritmo o *tempo* narrativo más bien rápido. Al folletinista parece sobrarle tiempo, y de él se sirve como del más poderoso resorte emocional, al someter a impaciente espera la atención del lector.

Dickens y Thackeray son los novelistas más representativos de la época victoriana, una época amable en que cabía disfrutar de la vida sin urgencias. A ambos les sobra tiempo y lo consumen en lentas y minuciosas descripciones. No hay prisa: los paisajes son bellos, los personajes suelen rebosar simpatía, y tienen muchas y agradables cosas que decir. Hay tiempo para todo, para el humor, para la ironía, para las lágrimas.

Stendhal es un ejemplo típico de la manera opuesta. Narra con prisa, sirviéndose de una prosa muy eficaz, seca e incisiva, formada sobre la lectura —adiestramiento de austeridad y precisión— del Código Civil. En *Rojo y negro* se observa que los principales acontecimientos de la vida de Julián Sorel están narrados como de paso, sin alterar la tesitura opacamente emocional que define y valora toda la obra. Stendhal concede más páginas a las reacciones de Sorel cuando se decide a aprisionar, en caricia, la mano de Mme. de Renal, que al atentado en la iglesia, que lo lleva al patíbulo. Stendhal tiene muchas cosas que decir respecto a la vida interior de sus interesantes personajes, y esto explica el ritmo rápido de su construcción narrativa. En los últimos capítulos de *Rojo y negro* el novelista llega a cercenar los periodos con *etcéteras,* sustituidores de los tópicos y lugares comunes que el lector puede fácilmente imaginar.

Ligado a este problema —el manejo del tiempo y su repercusión en el *tempo* narrativo— está el no menos interesante del orden o desorden que el novelista puede emplear en la presentación de los sucesos. Era propia de la épica tradicional la técnica llamada de *in medias res,* es decir: el comenzar la acción, mediados ya los acontecimientos, tal como ocurre en *La Ilíada.* La *novela bizantina* de Heliodoro, Aquiles Tacio, etc. —y sus imitaciones renacentistas o barrocas como el *Persiles*— heredó este procedimiento, visible también en no pocas novelas modernas.

Algunos novelistas han ido más lejos y no se han contentado con esta fórmula tradicional, sino que han desordenado la normal sucesión de hechos —es decir: la estrictamente cronológica— y los han presentado entonces de forma irregular, saltando de un tiempo a otro: v. gr., Huxley en *Ciego en Gaza* y Faulkner en *¡Absalón, Absalón!*

En ciertas novelas francesas de la llamada *école du regard,* la mecánica temporal es más irregular y confusa aún que en las citadas obras de Huxley o de Faulkner. En un relato como *La celosía* de Alain Robbe-Grillet no hay ya un equívoco adelantar y retroceder como en *¡Absalón, Absalón!.* En *La celosía* apenas cabe hablar de pasado, presente y futuro, sino más bien de un tiempo circular que nos permitiría, casi, comenzar la lectura de la narración por cualquier punto, para concluirla también en ese mismo punto, sin que la totalidad sufriera excesivo detrimento.

VIII

SITUACION DE LA NOVELA ACTUAL

En el capítulo anterior, el examen de algunas técnicas narrativas nos ha llevado ya a considerar ciertos aspectos de la situación en que la novela se encuentra actualmente.

Si recordamos ahora la tan citada teoría de Ortega y Gasset sobre el paso del *describir* al *presentar,* cabría considerar una última, extrema consecuencia de esa tendencia *presentativa* de la novela contemporánea, el *presentar ocultando* de novelistas como Faulkner, que no se contentan ya con ofrecer al lector el material novelesco sin el especial subrayado de la descripción organizadora y aclaradora de tal material, sino que, yendo más lejos, rompen o suprimen los nexos lógicos y las transiciones temporales, silencian o tan sólo dan por alusión momentos decisivos de la acción, y, en resumen, confieren a ésta una deliberada oscuridad, fruto de tal técnica *ocultativa.* La acción novelesca nos es ofrecida, entonces, en toda su fluidez vital, caótica frecuentemente, excitadora de la atención del lector. Se cumple así lo preconizado por Sartre al considerar que, en la novela actual, es preciso sembrarlo todo de dudas, de esperas, falto de fin o desenlace, para así obligar al lector a hacer conjeturas, inspirándole la sensación de que sus puntos de vista sobre la intriga y los personajes no son más que una opinión entre muchas.

Si Dostoyevski —como certeramente apuntó Ortega— se caracterizaba por *no definir,* con la consiguiente desorientación del lector, que, en muchas ocasiones, no sabe a qué atenerse respecto a la bondad o maldad de los personajes, tan complejos son estos, Faulkner emplea una técnica que supone una mayor dificultad, puesto que la *no definición,* la oscuridad, alcanza no sólo a los personajes, a sus psicologías, sino sobre todo a los sucesos mismos. Es un arte novelesco, el suyo, hecho de ocultaciones, de alusiones, de reticencias.

Tal técnica exige bastante del lector, pero en compensación, lo convierte de pasivo espectador de unos hechos en sujeto casi implicado en ellos, puesto que no cabe la cómoda postura que la descripción tradicional permitía, sustituida ahora por una tensión en la lectura que hace de ésta una cosa viva, fluyente, necesitada de la colaboración e interpretación del lector. Ha sonado pues en la novela actual lo que un crítico español, José M.ª Castellet, ha llamado *La hora del lector.*

La más joven novela francesa —la de Robbe-Grillet, Michel Butor, Marguerite Duras, Nathalie Sarraute, Claude Ollier, etc.— parece haber llevado tales postulados a sus últimas consecuencias. Robbe-Grillet preconiza un nuevo tipo de novela sin historia ni personajes, en el que los objetos desempeñan un importante papel, neutrales y expresivos a la vez, por cuanto en el resbalar de una mirada sobre ellos reside la extraña mecánica y configuración de unas novelas en las que, contra todo postulado teórico, hay un mínimo de trama: el crimen de *El mirón;* el puro ritmo de una pasión, los celos, en *La celosía.* Unos celos no mentados ni casi sugeridos como tales, puesto que, aunque graviten sobre el poseedor de una mirada que actúa en la novela casi despegada de su dueño, no funcionan psicológicamente como tales ni jamás repercuten en el caldeamiento pasional de la expresión. Ni análisis ni definición, *La celosía* describe la mirada de un celoso desde una compleja perspectiva que equivale a un *dentro-fuera,* porque si lo que se nos ofrece es una mirada, ésta no es la usual del narrador-protagonista de los tradicionales relatos en primera persona, ni mucho menos la de un personaje cuyo punto de vista aparece presentado en tercera persona, a la manera de James. Robbe-Grillet nos instala en la pura óptica de un mirar que resulta ser el de un celoso, no porque los datos recogidos visualmente se comuniquen con una psicología, con un corazón ni tan siquiera con unas primarias reacciones biológicas, que de una u otra manera definan los rasgos genéricos de tan conocido tipo humano. No, los celos que viven tras esa mirada quedan solamente aludidos por ciertas reiteraciones e insistencias, por unos hábiles efectos de enfoque o concentración visual. La mirada selecciona, vuelve sobre un mismo objeto, adquiere, en definitiva, la agudeza y el alertamiento propios de lo vigilante y desconfiado.

Sobre esta joven novelística francesa se ha escrito ya bastante y en todos los tonos, desde la agria negación a la encendida defensa. Se ha hablado de *pre-roman* e incluso de *anti-roman,* se han buscado los supuestos morales y hasta metafísicos de tal tendencia, se ha manejado de nuevo el equívoco concepto de *realismo,* etc.

Desde una perspectiva estrictamente literaria el fenómeno aparece conectado con la creciente importancia que, en nuestro siglo, ha sido adquiriendo el estudio y manejo de las cada vez más refinadas y complejas técnicas narrativas. Así consideradas las cosas, hay que reconocer el acierto de Ortega y Gasset en 1925 al vaticinar un brillante porvenir para el despliegue de las técnicas novelescas.

Habría también que considerar hasta qué punto algunas de las novedades que hoy caracterizan a la novela no tienen su claro correlato en las que son propias de otras manifestaciones artísticas, la pintura, por ejemplo. En principio no cuesta demasiado trabajo relacionar —con todas las salvedades que se quieran— los relatos franceses que Olivier de Magny llama «romans de *l'homme absent*» con un amplio sector de la plástica actual *no figurativa* y aun *abstracta.*

La consideración del problema en todo su alcance nos llevaría demasiado lejos, al exigir el planteamiento de una serie de complicadas cuestiones sociológicas que no es posible tratar aquí por falta de espacio y aun por personal limitación mía.

Como quiera que sea, una cosa parece evidente: la novela actual se nos aparece muchas veces poco menos que como un producto de laboratorio, demasiado trabajado, científico y cerebral. Y, por consiguiente, demasiado oscuro e inaccesible para el lector ingenuo, acostumbrado a un tipo tradicional de relato, de clara construcción y de bien definida trama.

Por todo ello se ha dado en la novela actual la misma partición minoría-masa que existía ya en la poesía y en el teatro. Para un lector del siglo XIX tal escisión hubiera sido, quizá, difícilmente concebible. Entonces la novela era un género popular y minoritario a la vez, y, posiblemente, lo mismo leían a Dickens o a Galdós el intelectual que el hombre de la calle.

Al desplazarse el acento del interés desde la trama a la técnica, a los valores formales, sobrevino la separación de dos núcleos de lectores de novelas, equiparables con los dos grandes grupos de espectadores de teatro o de aficionados a la poesía. La proliferación de los llamados teatros de ensayo, de cámara, etc., revela claramente su condición de mundo aparte frente al peyorativamente considerado teatro *comercial*. En cuanto a la poesía, bastaría con recordar nombres tan significativos como los de Ezra Pound, Valéry o Jorge Guillén, y estudios tan reveladores como el de Hugo Friedrich, para percibir las dificultades que la más pura poesía contemporánea entraña para el lector medio, para el lector-masa.

De todas formas tal escisión (minoría-masa) no supone, como algunos podrían creer, un síntoma revelador de la decadencia de la novela. Sobre ésta, sobre la pretendida crisis del género se viene hablando y escribiendo mucho ya desde los comienzos del siglo. Alguna vez he señalado la fecha —aproximada— de 1920 como una de las más significativas con relación al revolucionario sesgo que la novela ha adoptado. Tan revolucionario —entendiendo por revolución literaria en este concreto campo aquella que suponía un voluntario distanciamiento y hasta rechazo de los *clásicos* del género, es decir: de las maneras narrativas del siglo XIX— que hizo creer a bastantes críticos y lectores en el apagamiento de la novela, en lo que Weidlé llamó *el crepúsculo de los mundos imaginarios*.

Hoy, más que mediado el siglo que, según tan funestos augurios, había de caracterizarse por la desaparición de la novela del mapa de los géneros literarios, no parece que las profecías se hayan cumplido y, por el contrario, se tiende a estimar que el género goza de buena salud y aun de intensa vitalidad.

No parece probable que los *mundos imaginarios* estén amenazados de próxima extinción. Continuarán viviendo en tanto continúen siendo precisamente *mundos,* extraños continentes o ínsulas de ficción que siempre contarán con viajeros y visitantes.

Es un hecho innegable el de que hoy existen más lectores de novelas que nunca, pese a las dificultades técnicas que éstas plantean con frecuencia. La abundancia de premios literarios destinados a novelas expresa suficientemente el interés que por este género sienten los editores, reflejo inequívoco del que encuentran en los lectores de esas ediciones.

¿Se habrá convertido la novela en algo distinto del instrumento de diversión que en otras épocas pudo ser, aún con la más artística de las formas? Quizás esta transformación se haya iniciado en época anterior, quizá no pueda ser considerada tan siquiera como transformación. Lo que resulta evidente es que el hombre actual sabe que tras el arte de narrar se esconde hoy el signo de su época, quizás el de su porvenir. Es un momento de insólita gloria para la novela, pero también de tremenda responsabilidad para sus creadores.

BREVE BIBLIOGRAFIA

Los libros, estudios y artículos existentes en torno de la novela y de los diferentes problemas entrañados en el género son innumerables. Aquí sólo se recogen unos pocos títulos relativos al género como tal y también a alguno de los puntos que han merecido cierta atención en el texto. Para una consideración de la novela dentro de la problemática de los géneros literarios pueden consultarse, entre otras, las siguientes obras: EMIL STAIGER, *Grundbegriffe der Poetik,* Zurich, 1946; RENE WELLEK y AUSTIN WARREN, *Teoría literaria* (trad. de J. M. Gimeno Capella), Madrid, 1953; WOLFGANG KAYSER, *Interpretación y análisis de la obra literaria* (trad. de M.ª D. Mouton y V. G. Yebra), Madrid, 1954. En estas obras encontrará el lector bastante bibliografía sobre el género *novela.*

JOSEPH WARREN BEACH, *The Twentieth Century Novel: Studies in Technique,* Nueva York, 1932.

HENRI BONNET, *Roman et poésia: essai sur l'esthétique des genres,* París, 1951.

ROGER CAILLOIS, *Sociología de la novela* (en *Fisiología de Leviatán*), Buenos Aires, 1946.

ALEX COMFORT, *La novela y nuestro tiempo* (trad. de Francisco Ayala), Buenos Aires, 1949.

GEORGE DUHAMEL, *Essai sur le roman,* París, 1927.

EDOUARD DUJARDIN, *Le monologue interieur,* París, 1931.

E. M. FORSTER, *Aspects of the Novel,* Londres, 1927 (5.ª edición, Nueva York, 1940).

ROBERT HUMPHREY, *Stream of consciousness in the Modern Novel,* Berkeley, 1954.

HENRY JAMES, *The Art of the Novel. Critical Prefaces* (con una introducción de R. P. Blackmur), Nueva York, 1934.

R. KOSKIMIES, *Theorie des Romans,* Helsinki, 1935.

PERCY LUBBOCK, *The Craft of Fiction,* Londres, 1921.

GEORG LUKACS, *Die Theorie des Romans,* Berlín, 1920.

EDUARDO MALLEA, *Notas de un novelista,* Buenos Aires, 1954.

FRANÇOIS MAURIAC, *Le Roman,* París, 1928. *Le Romancier et ses personnages,* París, 1933.

EDWIN MUIR, *The Structure of the Novel,* Londres, 1929.

JOSE ORTEGA Y GASSET, *Meditaciones del Quijote,* en *Obras completas,* I, Madrid, 1946. *Ideas sobre la novela,* en *Obras Completas,* III, Madrid, 1947.

ROBERT PETSCH, *Wesen und Formen der Erzählkunst,* Halle, 1934.

ALBERT THIBAUDET, *Réflexions sur le roman,* París, 1925.

QUÉ ES EL CUENTO

A mis hijos, Ana Luisa y Mariano

I

EL TERMINO CUENTO

Considera J. Corominas que la acepción de *narrar, relatar,* como derivada de *calcular, computar* (del latín *computare*) es tan antigua como esta otra originaria, pudiendo fijarse su presencia en la lengua castellana hacia 1140; fecha probable, según Menéndez Pidal, de la composición de *Cantar del Mío Cid.*

Cuento, etimológicamente, deriva de *computum (cálculo, cómputo).* Del enumerar objetos se pasó, traslaticiamente, al enumerar hechos, al hacer recuento de los mismos.

En el citado *Cantar del Mío Cid* prevalece la acepción originaria, es decir la de cálculo o cuento numérico: *sean contados, escriviendo e contando, que non son contados, que non seríen contados, qui los podrie contar.* Pero también aparece, alguna vez, empleado el verbo *contar* con el sentido de *referir, narrar: cuenten gelo delant.* La voz *cuento* no aparece en ningún verso, y solamente *cuenta* en el sentido de *acción y efecto de contar.*

La relación existente entre las dos operaciones —es decir, el puro calcular numérico y el relatar historias— podría quedar ejemplificada en una narración incluida en la *Disciplina Clericalis.* Se debe esta obra al judío español, nacido hacia 1062, Mosé Sefardí, quien, al convertirse al cristianismo, tomó el nombre de Pedro Alfonso. La *Disciplina Clericalis* está escrita en latín y reúne un conjunto de relatos procedentes de los proverbios y castigos árabes, fábulas y apólogos. Uno de esos relatos es el de un rey que tiene a su servicio a un narrador, encargado de contarle cinco fabulillas todas las noches. En una ocasión en que el rey no podía dormirse y pidió al fabulista que le contase más historias, éste relató la del aldeano que se vio precisado a pasar dos mil ovejas por un río, utilizando para ello una barquita en la que sólo cabían dos ovejas en cada viaje. En el momento en que el narrador, vencido del sueño, comienza a dormirse, y el rey le pide que prosiga el relato, aquél contesta que será bueno esperar a que concluyan de pasar todas las ovejas, tiempo durante el cual bien podrá él descabezar un sueño.

Se trata pues del tradicional motivo que Cervantes utilizó en el *Quijote,* al ponerlo en boca de Sancho Panza, en el episodio de los batanes (capítulo XX de la primera parte), cuando, para distraer a su amo durante la espera de la noche, narra el cuento de Lope Ruiz y de la pastora Torralba. El mismo relato pasó, en el siglo XIII, al *Novellino* italiano.

Es, en definitiva, un típico cuento para dormir —en las letras actuales cabría recordar, con otros sentido, tema e intención, el *Cuento para dormir* del escritor húngaro Ferenç Molnar—, asociado al tópico de la enumeración *(cuento, cómputo)* de ovejas que pasan o saltan, para así llamar y provocar el sueño. Cervantes da un quiebro burlesco al relato, al asignarle, por boca de Sancho, unas propiedades casi mágicas; características más bien de otro tipo de cuentos tradicionales en los que el artificio del relato aparece ligado a algunas palabras o peculiaridades del mismo. En cambio, en el *Quijote* apócrifo Avellaneda vuelve a contar el cuento, situándolo en la línea procedente de la *Disciplina Clericalis.*

No creo que en toda la historia del género exista un ejemplo tan expresivo com este de Pedro Alfonso, tan revelador de cómo un mismo étimo latino se bifurcó en un doblete romance: *cómputo-cuento* (un cultismo y una voz popular, la primera de las cuales quedó reservada para lo estrictamente numérico, en tanto que la segunda se vinculó al viejísimo quehacer humano de narrar hechos e historias curiosas).

En los más antiguos libros castellanos de narraciones breves no suele aparecer empleada, para designarlas, la palabra *cuentos,* sino más bien la denominación de *fábulas* o *fabiellas, enxiemplos, apólogos, proverbios, castigos,* etc. Así en el *Calila e Dimna,* cuya traducción del árabe se sitúa hacia 1251, atribuida a Alfonso X el Sabio cuando era Infante, se encuentran frases como éstas: «Et posieron ejemplos e semejanzas en el arte que alcanzaron»; «et posieron e compararon los más destos ejemplos a las bestias salvajes e a las aves».

Don Juan Manuel emplea la voz *fabliella* para el *Libro del Caballero y del Escudero, y ejemplo* para las narraciones de *El conde Lucanor* (1335). En el siglo XIV, también, Juan Ruiz, Arcipreste de Hita, en el *Libro de Buen Amor,* emplea los términos *proverbio, fabla, estoria,* etc. Recuérdese asimismo el *Libro de los exemplos* o *Suma de exemplos por A.B.C.,* de Clemente Sánchez de Vercial. Un caso importante viene dado, también a finales de la Edad Media, por el mal llamado *Libro de los gatos,* título que procede de una mala lectura de *quentos.*

Ya en la época de los Reyes Católicos y después en la del emperador Carlos V, en la primera mitad del siglo XVI, penetra en España la palabra *novela* para designar el género a que venimos refiriéndonos. Y así, las ediciones del *Decamerón,* de Boccaccio, aparecidas en 1494, 1496, 1524, 1539, 1543, 1550, traducen *cien novelas.*

La traslación a nuestra lengua de ese vocablo, *novela* —que todavía para Juan de Valdés, en su *Diálogo de la lengua,* era un italianismo no del todo aclimatado en el castellano—, trajo como consecuencia una cierta confusión en lo relativo a su equivalencia con el término de *cuento,* ya que con uno y otro se aludía a relatos breves, diferenciados de las extensas «historias fingidas», como el *Quijote.*

En la lengua italiana *novella* era un diminutivo formado sobre la palabra latina *nova* (en italiano *nuova),* y con la significación de breve noticia, de pequeña historia. Y así aparece a finales del XIII el ya citado *Novellino* o *Libro di novelle* de Franco Sachetti, las *Novelle* de Mateo Bandello, ya en el XVI; hasta llegar a la época moderna en que, por ejemplo, Edmundo de Amicis compone *Novelle* (1872), al igual que Giovanni Verga, *Novelle rusticane* (1883), etcétera.

En España la palabra *novela* acabó por designar la narración extensa, bien diferenciada, precisamente por sus dimensiones, del *cuento* como término utilizado tan sólo para designar un relato breve. Pero durante los siglos XVI y XVII no debió de darse tal diferenciación, y aunque comenzara a olvidarse la especial connotación diminutiva que comportaba la palabra *novela,* ésta continuaba utilizándose para designar narraciones breves. Así, Lope de Vega en sus *Novelas a Marcia Leonarda* (1621), consideraba que «en tiempo menos discreto que el de agora, aunque de hombres más sabios, se llamaban a las Novelas cuentos. Estos se sabían de memoria, y nunca que me acuerde los vi escritos». Opinión semejante era la sustentada por Cristóbal Suárez de Figueroa, el cual decía en *El pasajero* (1617): «Por novelas al uso entiendo ciertas patrañas y consejas, propias del brasero en tiempos de frío, que en suma vienen a ser unas bien compuestas fábulas, unas artificiosas mentiras».

De uno de esos viejos términos, recordados por Suárez de Figueroa, se sirvió en 1578 Juan de Timoneda para titular una popular colección de cuentos *El patrañuelo;* es decir, un conjunto de ficciones, de mentiras narrativas. A esta luz se comprende por qué Cervantes, partiendo de tan tradicional identificación entre *novela y embuste narrativo,* pudo decir en el capítulo IV de su *Viaje del Parnaso:*

«Yo he abierto en mis *Novelas* un camino
por do la lengua castellana puede
mostrar con propiedad un desatino».

Esas *Novelas* no eran otras que las *Ejemplares* (1613), en cuyo prólogo escribió: «A esto se aplicó mi ingenio, por aquí me lleva mi inclinación, y más que me doy a entender (y es así) que yo soy el primero que he novelado en lengua castellana; que las muchas novelas que en ella andan impresas, todas son traducidas de lenguas extranjeras, y éstas son mías propias, no imitadas y hurtadas; mi ingenio las engendró, y las parió mi pluma, y van creciendo en los brazos de la estampa».

Estas afirmaciones cervantinas parecen aludir a las distintas series de relatos de inspiración boccacciesca o, más ampliamente, italiana —Giraldi Cinthio, Massuccio Salernitano, Mateo Bandello, etc.—, que venían publicándose en lengua castellana e influyendo en narradores tan italianizantes como el ya citado Timoneda.

Cuando Cervantes se jacta de ser el primero que ha «novelado en lengua castellana», lo hace pensando en la originalidad temática de sus relatos *ejemplares,* tan diferenciados, en este aspecto, de los del *Patrañuelo.*

Desde una perspectiva moderna resulta obvio que la colección narrativa cervantina está integrada no por *cuentos* ni *novelas,* sino por lo que hoy llamaríamos *novelas cortas.* Para un español del XVI tal denominación hubiese resultado tautológica, habida cuenta del valor diminutivo que todavía conservaba la voz *novela,* aplicable tan sólo a un relato corto.

Se nos plantea, entonces, la siguiente cuestión: ¿Existía alguna diferencia en el siglo XVI y aun en el XVII, en el uso de *novela* y *cuento,* o ambas voces encubrían una misma especie literaria, tal como apuntaban Suárez de Figueroa y Lope de Vega?

Nuevamente el testimonio de Cervantes nos permitiría ver que, en líneas generales, se reservaba la voz *cuento* para la narración oral, y *novela* para la escrita. Así en el *Quijote* observamos cómo las historias que aparecen narradas por algún personaje —v. gr., la de Grisóstomo y Marcela, contada por el cabrero Pedro— reciben el nombre de *cuentos:* «Donde se da fin al cuento de la pastora Marcela con otros sucesos» (capítulo XIII de la 1.ª parte). Por el contrario, *El curioso impertinente* es presentada como *novela* por tratarse de una narración escrita. El cura halla unos papeles en la maleta que le enseña Juan Palomeque, el ventero: «Sacólos el huésped, y dándoselos a leer, vio hasta obra de ocho pliegos escritos de mano, y al principio tenían un título grande que decía: *Novela del curioso impertinente».*

Existe algún otro pasaje en el *Quijote* en el que Cervantes vuelve a utilizar la palabra *cuento,* esta vez en un sentido plenamente popular y tradicional. Así en el capítulo XX de la 1.ª parte, cuando D. Quijote oye en la noche el extraño ruido de

los batanes y se decide a lanzarse a la aventura, Sancho traba
las patas de Rocinante y, en tanto llega el alba, se dispone a en-
tretener a su amo narrándole cuentos:

«Díjole don Quijote que contase algún cuento para entre-
tenerle, como se lo había prometido; a lo que Sancho dijo que
sí hiciera, si le dejara el temor de lo que oía; pero con todo eso
yo me esforzaré en decir una historia, que si la acierto a contar
y no me van a la mano, es la mejor de las historias, y estéme
vuestra merced atento, que ya comienzo».

Alude aquí Cervantes a la gracia o especial toque del narrador —«y si la acierto a contar»—, si bien en este caso se caracteriza por lo digresivo de un relato que no es otro que el tradicional «cuento para dormir» al que antes aludimos.

La consideracion del *cuento* como especie oral, susceptible
de pasar de boca en boca, de narrador en narrador, es la que,
en los siglos de oro, justifica las muchas alusiones a la oportunidad y gracia con que habían de proceder tales narradores.
Así, Juan de Timoneda en su *Sobremesa y alivio de caminantes*
(1563), coloca al frente de los relatos una «Epístola al lector»,
donde dice: «Curioso lector: Como oir, ver y leer sean tres causas principales, ejercitándolas, por do el hombre viene a alcanzar toda sciencia, esas mesmas han tenido fuerzas para conmi-
go en que me dispusiese a componer el libro presente, dicho
Alivio de caminantes, en el que se contienen diversos y graciosos cuentos, afables dichos y muy sentenciosos. Así que fácilmente lo que yo en diversos años he oído, visto y leído, podrás
brevemente saber de coro, para decir algunos cuentos de los
presentes. Pero lo que más importa para ti y para mí, porque
no nos tengan por friáticos, es que estando en conversación, y
quieras decir algún contecillo, lo digas al propósito de lo que
trataren...».

Recomendaciones parecidas hace el mismo Timoneda a
sus lectores en la «Epístola» que va al frente del *Patrañuelo:*
«yo te desvelaré con algunos graciosos y aseados cuentos, con
tal que los sepas contar como aquí van relatados, para que no
pierdan aquel asiento y lustre y gracia con que fueron com-
puestos».

A este respecto conviene recordar que también Cervantes, por boca de Cipión en «El coloquio de los perros», alude a la personal gracia que deben tener los narradores orales de ciertos cuentos: «Y quiérote advertir de una cosa, de la cual verás la experiencia cuando te cuente los sucesos de mi vida, y es que los cuentos unos encierran y tienen la gracia en ellos mismos, otros en el modo de contarlos; quiero decir, que algunos hay que, aunque se cuenten sin preámbulos y ornamentos de palabras, dan contento; otros hay que es menester vestirlos de palabras, y con mudar la voz se hacen algo de nonada, y de flojos y desmayados se vuelven agudos y gustosos».

Esta valoración del cuento como algo cuya eficacia radica no sólo en su trama o argumento, sino también en la gracia, en el *buen toque* del narrador, se relaciona claramente con la tan renacentista conceptuación —la de Timoneda, por ejemplo— del cuento como chiste, facecia, ingeniosidad. El narrador portugués Francisco Rodríguez Lobo alude igualmente en su *Corte na aldeia e noites de invierno* (1619) a la oportunidad y gracia con que debe introducirse algún cuento en la conversación: «Los cuentos y dichos graciosos deben ser en la conversación como los pasamanos y guarniciones en los vestidos, que no parezca que cortaron la seda para ellos, sino que cayeron bien, y salieron con el color de la seda o del paño sobre los que los pusieron; porque hay algunos que quieren traer su cuento a fuerza de remos, cuando no les dan viento los oyentes, y aunque con otras cosas les corten el hilo, vuelven a la tela, y lo hacen comer recalentado, quitándole el gusto y gracia que pudiera tener si cayera a caso y a propósito, que es cuando se habla en la materia de que se trata o cuando se contó otro semejante».

En la imposibilidad de recoger aquí todos los aspectos implicados en la problemática del término *cuento,* quisiera resumir la cuestión volviendo, en cierto modo, al punto de partida: Una cosa es la aparición de la palabra *cuento* en la lengua castellana, y su utilización para designar relatos breves de tono popular y carácter oral, fundamentalmente; y otra, la aparición del género que solemos distinguir como *cuento literario,* precisamente para diferenciarlo del tradicional. Este existía desde muy antiguo, en tanto que la decisiva fijación del otro, del literario, habría que situarla en el siglo XIX.

El hecho de que, en los siglos XVI y XVII, se emplease la voz *novela* para designar, en concurrencia con la de *cuento,* un relato breve, engendró cierta confusión que todavía alcanza a algunos escritores del XIX cuando quieren diferenciar —así, Cecilia Böhl de Faber, *Fernán Caballero*— la novela extensa de la corta, y ésta del cuento tradicional, popular, oral. Tal proceso diferenciador llevó a *Fernán Caballero* a emplear el término *relación,* casi como equivalente de lo que los franceses entendían por *nouvelle:* «Las composiciones que los franceses y alemanes llaman *nouvelles* —escribía *Fernán*—, y que nosotros, por falta de otra voz más adecuada, llamamos *relaciones,* difieren de las novelas de costumbres *(romans de moeurs)*». Y en una carta a Hartzenbusch, del 28 de junio de 1852, repetía: «Si usted ha pensado en las otras novelillas (que yo llamo *relaciones,* pues no son *novelas,* y los franceses las llaman *nouvelles)*».

Si Cecilia Böhl de Faber emplea *relaciones* por *nouvelles,* a falta de otra voz más adecuada, ello significa que no consideraba apta la palabra *cuento,* reservada solamente para las narraciones populares: *Cuentos y poesías populares andaluces; Cuentos, oraciones, adivinas y refranes populares infantiles.* A imitación de los hermanos Grimm en Alemania, *Fernán* recogía tales relatos de la misma boca de los campesinos. Se ve pues con claridad que todavía a mediados del siglo XIX la voz *cuento* no había alcanzado suficiente rango literario para designar un género creacional. Y asimismo se comprueba que la voz *novela* era entonces empleada sólo con referencia a los relatos extensos. Se echaba de menos la existencia, en nuestra lengua, de un término equivalente al francés *nouvelle,* que designara el género intermedio entre el *roman* y el *conte.* Y así como en la lengua inglesa prevaleció la denominación de *short story* para significar el género que no es *roman* o *novel* (novela extensa) ni tampoco *tale* (cuento popular o infantil), en nuestra lengua se acuñó la ya citada y tautológica denominación de *novela corta.* Esta pudo nacer en una época —el XIX— en que ya se había olvidado totalmente el valor diminutivo que la palabra *novela* tuvo antaño, cuando aún se percibía su sabor italiano.

II

CUENTO POPULAR Y CUENTO LITERARIO

No siempre es posible separar con facilidad estas dos especies, ya que bastantes cuentos literarios presentan una clara inspiración popular. Aun así, parece claro que el cuento popular es el que, anónimamente, se transmite por tradición oral a lo largo del tiempo; en tanto que el cuento literario tiene un autor a quien corresponde plenamente su invención, su creación. En cierto modo fue decisivo para el porvenir del cuento literario el que, en el XIX, comenzasen a ser recogidos y editados los cuentos populares, ya que el gusto por tal género repercutió en la creación de un ambiente favorable, de una predisposición lectora hacia los relatos breves, pertenecientes o no al *folklore* tradicional.

Fueron los hermanos Grimm los que en Alemania y en 1812 publicaron por primera vez una nutrida colección de cuentos populares recogidos de la tradición oral, *Kinder - und Hausmärchen*. Esta bella tarea tendrá ecos en toda Europa, en coincidencia con un fenómeno, el romanticismo, que se presenta como configurador y hasta exacerbador de los nacionalismos. Con razón decía D. Juan Valera en sus *Estudios críticos sobre literatura, política y costumbres de nuestros días* (Madrid, 1864): «A estas razones que movieron a coleccionar y a publicar en casi todos los países los cuentos vulgares, como los de Alemania por los hermanos Grimm, los polacos por Woysick, los de los montañeses de Escocia por Gran Stewart, los del sur de Irlanda por Crofton Croke, por Souvestre los bretones y así otros muchos, vienen a unirse cooperando al estudio de la poesía popular de cada pueblo, el patriotismo que se despertó por las guerras invasoras de Napoleón I y el deseo que muestran desde entonces todas las naciones, de hacer patentes los títulos de su independencia y de reivindicar lo que ahora se llama su autonomía».

Lo curioso fue que esos cuentos recogidos, según apuntaba Valera, al calor de los nacionalismos, trajeron como consecuencia la aparición de lo que podríamos llamar el *comparatismo folklórico*. Según fueron recogiéndose los cuentos populares de los distintos países, se fue comprobando, con sorpresa, que las tradiciones que se creían más consustanciales con el país en que se transcribían y publicaban se encontraban también en otras naciones con las que no se creía tener nada en común. Desde entonces los investigadores comenzaron a estudiar el origen de estos relatos, remontándose a la mitología, a las civilizaciones primitivas y exóticas.

Aurelio M. Espinosa, el máximo especialista de la materia con relación a los cuentos populares españoles, ha recordado a este respecto cómo los hermanos Grimm, al comparar los cuentos populares alemanes y, en general, europeos, con los antiguos cuentos de Oriente, creyeron que la mayoría de los relatos tradicionales europeos se relacionaban con los mitos de los antiguos pueblos indogermánicos. Por ejemplo, los cuentos de encantamiento suponían un eco de antiguos mitos arios, anteriores a la dispersión de la raza aria. Esta teoría fue adoptada, entre otros, por uno de los más destacados folkloristas, Max Müller.

Para Teodoro Benfey, editor en 1859 del *Panchatantra* indio, el origen de la mayor parte de los cuentos populares modernos había que buscarlo en la India. Ya en los *Vedas* —observa Louis Renou en un estudio de 1955 sobre *Literatura sánscrita*— se encuentran alusiones a cuentos y fábulas. Bastantes cuentos chinos o del sureste asiático son indios por su origen; bastantes han llegado a Occidente a partir de la Edad Media, si bien no debe creerse que la India haya sido la patria de todos los cuentos. Lo que cabe observar es que la forma literaria se ha adaptado perfectamente al cuento en la India, tanto en verso como en prosa.

Algunos investigadores han combatido la teoría orientalista. Así, Andrew Lang, que intenta explicar las semejanzas entre los cuentos populares de los distintos países no porque hayan pasado de uno a los otros, sino por el hecho de que, probablemente, los pueblos primitivos pensaban y obraban de la misma manera, con lo cual, al tener las mismas ideas, tenían también los mismos mitos y los mismos cuentos.

Como quiera que sea, los cuentos que comenzaron a ser recogidos, a raíz del romanticismo, reunían la doble condición de ser, a la vez, gustosamente nacionales y poco menos que universales o cosmopolitas, reflejando así, con gran claridad, las dos caras del romanticismo.

Confundido inicialmente con el mito, con las viejas creencias y las seculares tradiciones, el cuento alcanza configuración literaria en el XIX, y se convierte así en el más paradójico y extraño de los géneros: aquel que, a la vez, era el más antiguo del mundo y el que más tardó en adquirir forma literaria. Con razón decía D. Juan Valera en un artículo que escribió para un *Diccionario enciclopédico hispanoamericano*, y que luego, en 1907, apareció como prólogo en la edición de sus *Cuentos completos:* «Habiendo sido todo cuento al empezar las literaturas, y empezando el ingenio por componer cuentos, bien puede afirmarse que el cuento fue el último género literario que vino a escribirse».

A este respecto cabría recordar, asimismo, lo dicho en 1953 por D. Ramón Menéndez Pidal, al ocuparse de las características del cuento-apólogo, oral, primitivo, y al observar que «por razón de su forma puramente estructural, sin determinada redacción literaria, forma imprecisa y fluida de suyo, pasa sin obstáculos de una boca a otra, sin necesidad de que sean aprendidas de memoria las palabras con que ha de expresarse, como exigen las demás obras literarias».

Fue precisamente ese carácter oral, tradicional, del cuento, el que retardó su configuración literaria. Pues aunque algunos cuentos populares fueran aprovechados ya en el XVI, en

Italia, por Straparola, y en el XVII por Perrault en Francia, la recogida sistemática de los mismos no se inició hasta el XIX con los hermanos Grimm.

En España puede decirse que la recogida de cuentos populares comienza con *Fernán Caballero.* Decía ésta en el prólogo a sus *Cuentos y poesías populares andaluces* (1859): «En todos los países cultos se han apreciado y conservado cuidadosamente [...] los cantos, consejas, leyendas y tradiciones populares e infantiles, en todos, menos en el nuestro».

También D. Juan Valera —que, como *Fernán,* gustó de recoger y aderezar a su manera tales relatos populares— se quejó en repetidas ocasiones de lo mismo. Así, en 1878, y en el prólogo a *Una docena de cuentos,* de Narciso Campillo, recordaba el ejemplo de los hermanos Grimm en Alemania, y se lamentaba de que «mientras que en casi todos los demás países se recogen todos los cuentos con el más cuidadoso esmero y hasta con veneración religiosa, aquí, por desdicha, dejamos que se pierdan o que se olviden». Y en 1895 Valera se decidió a publicar una colección de *Cuentos y Chascarrillos andaluces,* en cuya introducción insistió en las mismas ideas de siempre: «En lo tocante a cuentos vulgares ha habido, no obstante, descuido. En España nada tenemos, en nuestro siglo, que equivalga a las colecciones de los hermanos Grimm y de Musaeus, en Alemania; de Andersen, en Dinamarca; de Perrault y de la Sra. d'Aulnoys, en Francia, y de muchos otros literatos en las mismas u otras naciones».

De todas formas no era Valera —y él lo reconocía en tal prólogo— el primer colector de relatos populares, pues ya antes Juan de Ariza, *Fernán Caballero,* Antonio de Trueba, etc. habían hecho algo parecido. En nuestro siglo han continuado la tarea Antonio Machado *(Demófilo)* —padre de los dos tan conocidos poetas del 98—, Torner, Rodríguez Marín, el ya citado Espinosa, etc.

Con relación a estos cuentos populares habría que diferenciar las versiones más o menos literarias de los mismos —las de Valera, el P. Coloma, etc., en el siglo pasado—, y las transcripciones fidedignas de los relatos escuchados a campesinos y gentes del pueblo, a la manera de los editados por Espinosa, en los que se respeta el lenguaje de los narradores, con todas sus incorrecciones y dialectalismos.

Entre las más antiguas versiones literarias de cuentos populares de que tengo noticia, en nuestra lengua, figuran los que desde 1848 publicaba Juan de Ariza en el *Semanario Pintoresco Español,* con la denominación genérica de *cuentos de viajes: Perico sin miedo* (tema recogido asimismo por el P. Coloma en su *Periquillo sin miedo), La princesa del bien podrá ser, El caballo de los siete colores,* etc.

En cuanto a *Fernán Caballero* cabe advertir que esta escritora no solía transcribir los cuentos populares —v. gr., *La suegra del diablo, Doña Fortuna y Don Dinero, La Oreja de Lucifer,* etc.— tal como los oía narrar a los campesinos andaluces, sino que los aderezaba a su gusto y se servía de ellos para hacer sátira política y dar lecciones morales.

En manos del P. Coloma —muy directo continuador de *Fernán*— los cuentos populares se convierten en relatos para niños *(La camisa del hombre feliz, ¡Porrita, componte!, Ratón Pérez,* etc.), si bien estos carecen de la fresca espontaneidad y muy escueto trazo que fueron características de la especie, tal como la cultivaron los hermanos Grimm.

Con referencia a los cuentos populares americanos, A. M. Espinosa ha señalado como principales fuentes «la tradición inglesa, la tradición francesa, la tradición portuguesa, la tradición española, la tradición india de distintas y separadas regiones, y en algunas partes la tradición africana». El propio Espinosa ha recogido y editado abundante material folklórico americano. En la Argentina cabría recordar los cuentos de adivinanzas transcritos y publicados en 1911 por Robert Lehmann Nitsche, *Adivinanzas rioplatenses.*

III

EL CUENTO EN EL SIGLO XIX: LOS CLASICOS DEL GENERO

Lo hasta ahora apuntado nos hace ver que la historia del género *cuento* se configura como una de las más dilatadas y remotas, o bien como una de las más breves y recientes, según se atienda al cuento de tipo popular y tradicional, o al de tipo literario, tal como viene cultivándose a partir, sobre todo, del siglo XIX. De la atención prestada a los relatos tradicionales, se pasó a sentir creciente interés por los cuentos creados por los más importantes escritores de la época. Alguno de ellos —lo hemos visto en el anterior capítulo— cultivó las dos especies. Y realmente en casos como el de Valera parece incuestionable que fueron sus muy ingeniosos e inteligentes cuentos los que más fama literaria le alcanzaron.

Por lo tanto, tal vez no sea muy exagerado afirmar que, con anterioridad al siglo XIX, sólo cabría hablar de «prehistoria» del género en las letras españolas. No cabe duda de que en la Edad Media y en los siglos de oro se escribieron y publicaron muchas, muchísimas colecciones de cuentos. Pero ni en *El conde Lucanor* de D. Juan Manuel ni en *El patrañuelo* de Timoneda se busca la originalidad, limitándose los autores a dar nueva forma (más o menos afortunada, según los casos) a temas ya tratados en otras colecciones narrativas de distinta procedencia. Esto, en el siglo XIX, hubiera equivalido a un escandaloso plagio. Recuérdense casos como, en las letras españolas de esa época, el de la acusación lanzada por el periodista Bonafoux contra Leopoldo Alas, *Clarín,* al decir que había plagiado en su *Pipá* un cuento de Isidoro Fernández Flórez *(Fernanflor)* titulado *La nochebuena de Periquín.* La acusación irritó grandemente a *Clarín,* el cual declaró no haber leído el relato de *Fernanflor* antes de componer su *Pipá.*

Si entonces pudieron promoverse tan encendidas polémicas, fue porque el escribir cuentos se había convertido ya en un quehacer literario del mismo rango e importancia que el escribir novelas o cualquier otro género de los consagrados por una secular tradición.

El siglo XIX es, en las letras europeas y americanas, el gran siglo del cuento; y la sola mención de nombres tan significativos como los de Maupassant, Daudet, Chejov, Oscar Wilde, Edgar Allan Poe, Hoffmann, etc. nos habla elocuentemente del alcance y universalidad del género, elevado entonces a categoría de clásico.

Se diría que hasta ese siglo, el XIX, el cuento había venido siendo manejado con desigual intensidad y diversos propósitos —al menos, en la literatura española—, pero sin plena conciencia de su importancia como género literario con personalidad y con voz propia. Se diría, asimismo, que hasta el siglo XIX se tendió a confundir cantidad con calidad, y se aplicaron al cuento estrechas conceptuaciones por las que se lo consideraba género menor, en función de sus escasas dimensiones, sin sospechar que en ellas —en las pocas páginas y aun líneas de un relato breve— pudiera caber tanta o más belleza, emoción y humanidad que en las muy abundantes de una novela.

Con el intenso cultivo que el cuento consiguió a lo largo del XIX, se forja lo que antes faltaba: una tradición literaria. Ello no supone ignorar ni despreciar los cuentos escritos antes de ese siglo. Pero indudablemente la valoración de los mismos ha de hacerse referida a las personales condiciones y calidades de quienes los escribieron, por contraste con los cuentos del XIX, que podrán ser mejores o peores, según los cuentistas en quienes se piense, pero que, en cualquier caso, se inscriben en una tradición cuya alta calidad parece indiscutible. Podrá resultar una sutileza, pero, aun así, cabría decir que lo bueno en el cuento del siglo XIX es el género considerado global y casi abstractamente; a diferencia de lo que sucedía en las épocas anteriores, en las que lo bueno hay que buscarlo en las individualidades y no en la tradición, prácticamente inexistente.

En las letras españolas e hispanoamericanas del XIX fueron muchos los escritores que se dedicaron al manejo del cuento no de forma accidental o esporádica, sino de una manera reiterada y casi habitual. Los más de ellos destacaron también en otros géneros literarios, pero algunos sólo fueron conocidos entonces y después como estrictos cuentistas. Así, aunque el vascongado Antonio de Trueba compusiese poesías, sólo conquistó una cierta aunque modesta popularidad, a través de sus muy abundantes y leídos cuentos.

En algún caso, la crítica posterior —la de nuestros días— ha valorado más la obra narrativa menor de determinados autores, que sus novelas extensas. Algo de esto ha ocurrido con Pedro Antonio de Alarcón, muy aplaudido en su tiempo como autor de *El escándalo,* pero más apreciado luego, quizá, por sus novelas cortas y sus cuentos: *El sombrero de tres picos, La Comendadora, El carbonero alcalde,* etc.

Recuérdese asimismo la alta valoración que la crítica actual ha concedido al cuento *El matadero* del romántico argentino Esteban Echeverría, quizá más apreciado hoy por tan enérgicas páginas narrativas que por sus mismas poesías, con haber sido éstas las que más fama le conquistaron en su tiempo.

El caso de Echeverría —autor al que se suele considerar como iniciador del género en las letras hispanoamericanas— resulta harto expresivo con relación a lo que el cuento debe al romanticismo. De ahí que, en cualquier historia que se haga de tan menuda especie literaria, parezca imprescindible prestar la debida atención al fenómeno romántico y a sus consecuencias en el nuevo sesgo que, entonces, toman ciertas modalidades narrativas, entre ellas el cuento. Por un lado, según ya quedó dicho, es en los años románticos cuando tiene lugar la exaltación del cuento popular, a cuya sombra se desarrollará el cuento literario. Por otro, la misma temática del romanticismo favorecía el crecimiento de ciertas modalidades narrativas caracterizadas por lo legendario, fantástico y fabuloso de sus asuntos. El gusto romántico por la reconstrucción del pasado, por los temas históricos, los escenarios medievales, las escenas de duendes y hechicerías, la evocación de mágicos ambientes orientales, etc.; todo eso da lugar a una inundación literaria de leyendas, baladas, fantasías, tenebrosos relatos de góticos castillos y espectrales ruinas, alucinaciones y delirios a la manera de Hoffmann o de Allan Poe, becquerianas noches de ánimas, sepulcros y visiones de ultratumba, etc. El cuento se convierte en fácil receptáculo de tan topiquizada temática, menos manejable entonces en las amplias estructuras de la novela. Esta se orienta hacia lo histórico, a partir de Walter Scott y de sus imitadores y continuadores. En sus páginas cabe, por supuesto, lo fantástico, pero probablemente pierde allí la concentrada intensidad de que se carga en las del cuento. La estructura de éste —febril, nerviosa, justamente por su precipitada brevedad— resulta ia más adecuada para una temática cuya mayor efectividad, cuya más potente eficacia se obtienen a través de esa breve descarga emocional que el cuento supone, en contraste con los lentos y progresivos efectos que una novela puede provocar.

Conviene precisar que cuando se habla de cuento romántico habría que aludir tanto a los escritos en prosa como a los caracterizados por la forma versificada, bastante abundantes entonces en las letras españolas. Así, el Duque de Rivas, Espronceda, Zorrilla cultivan la leyenda y el cuento en verso. Las preceptivas del XIX solían citar, como ejemplo del género que nos ocupa, *El estudiante de Salamanca,* presentado por Espronceda como *cuento* y como tal considerado por D. Juan Valera.

Pero no fueron solamente el Duque de Rivas, Espronceda y Zorrilla quienes compusieron leyendas y cuentos en verso. Otro tanto hicieron en los años más dominados por el gusto romántico autores como Gregorio Romero Larrañaga, Antonio Hurtado y Valhondo, José Joaquín de Mora, etc.

En la actualidad el cuento en verso resulta poco menos que una rareza o una antigualla. Para cualquier hispanohablante la sola mención del término *cuento* evoca instantáneamente un relato en prosa, cuya más ostensible característica es la brevedad. Por ella el cuento queda suficientemente diferenciado de la novela, pese a servirse ambos géneros de un mismo instrumento expresivo: la forma narrativa prosística.

IV

EL CUENTO Y LOS GENEROS PROXIMOS

a) *Leyendas y tradiciones*

Se diría pues, como consecuencia de lo últimamente apuntado, que es la brevedad el rasgo más sobresaliente y característico del cuento. Ya H. G. Wells, y con referencia a la *short story,* decía que tal especie se caracterizaba por «poder leerse en menos de una hora». De tal definición parece hacerse eco el norteamericano Seymour Menton en el prólogo que figura al frente de su antología *El cuento hispanoamericano* (Méjico, 1964): «El cuento es una narración, fingida en todo o en parte, creada por un autor, que se puede leer en menos de una hora, y cuyos elementos contribuyen a producir un solo efecto». Parece evidente que tal definición convendría igualmente a otras especies narrativas que se caracterizan por su brevedad y, sin embargo, no son cuentos. De ahí que S. Menton se crea obligado a precisar: «Así es que la novela se diferencia del cuento tanto por su extensión como por su complejidad; los artículos de costumbres y las tradiciones populares, por su base verídica y por la intervención directa del autor que rompe la unidad artística; y las fábulas y las leyendas, por su carácter difuso y por carecer en parte de la creación original del autor».

Parece pues conveniente, a la hora de intentar fijar una imagen lo más nítida posible de qué es un cuento, estudiar con cierto cuidado esa esclarecedora zona de los deslindes. Dejando para el final —por tratarse del punto realmente decisivo— el cotejo de la novela y del cuento, veamos ahora rápidamente cuáles son las otras especies narrativas breves que tienden a confundirse con el género que nos ocupa. A alguna de ellas alude Seymour Menton pero con unas caracterizaciones demasiado rápidas e imprecisas; ya que, por ejemplo, apuntar como elemento diferenciador del artículo de costumbres y del cuento la base verídica de aquél equivale a negar no sólo la existencia de cuentos inspirados en sucesos reales, sino también la de artículos rotundamente ficcionales.

Se trata de un problema que ha de ser tratado sin perder de vista el contexto histórico, ya que, en gran proporción, el confusionismo genérico planteado por la aparición del cuento en concurrencia e, incluso, en convivencia con otras especies narrativas breves, tiene su origen en la especial conformación del romanticismo. Frente a la doctrina neoclásica —que tanta vigencia y fuerza tuvo en el siglo XVIII— de la pureza e incomunicabilidad de los géneros literarios —cada uno de ellos pluralmente separado, encasillado, determinado—, la sensibilidad romántica prefiere mezclar, confundir, borrar límites y crear nuevas y complejas formas. Se considera entonces normal la mezcla de lo cómico y de lo trágico, de la prosa y del verso, de lo narrativo y de lo lírico, de lo filosófico y lo humorístico. En las letras españolas, la novela de Antonio Ros de Olano, *El doctor Lañuela,* constituiría un buen ejemplo de tales mezcolanzas románticas. Fue entonces, en la primera mitad del siglo XIX, cuando al calor del nervioso periodismo entonces cultivado nacieron y prosperaron menudas especies narrativas no siempre fácilmente caracterizables ni deslindables —leyendas, baladas, tradiciones, artículos de costumbres, etc.—, pero todas ellas definidas por un común denominador expresivo: el ser relatos breves en prosa.

Hemos dicho *en prosa,* a sabiendas de que, según ya quedó apuntado, no siempre se escriben así tales modalidades narrativas en la época romántica. Lo que ocurre es que los posibles casos de confusión del cuento con otros géneros formalmente próximos se dan cuando todos ellos están escritos en prosa. Por el contrario, cuando el verso se configura como cauce expresivo propio y específico de una determinada especie narrativa —v. gr., la *fábula,* tal como quedó acuñada a partir de La Fontaine y, en las letras españolas dieciochescas, de Iriarte y Samaniego—, ésta queda suficientemente diferenciada del cuento.

Pero en la época romántica el verso y la prosa se manejan indistintamente en géneros como los antes apuntados: leyendas, tradiciones, y hasta artículos de costumbres, pues aunque tal modalidad se escribió normalmente en prosa —la de un Larra, por ejemplo—, cabría recordar a su lado determinadas páginas de las *Escenas matritenses,* de Mesonero Romanos, en que el autor empleó total y exclusivamente el verso: «El coche simón», «Los misterios de Madrid», «El paseo de Juana»...

La normal aceptación del cuento como especie literaria caracterizada por el verso es la que, probablemente, lleva al amigo de Espronceda, Miguel de los Santos Alvarez, a publicar en 1864 sus *Tentativas literarias* con el significativo subtítulo de *Cuentos en prosa.*

Posiblemente Miguel de los Santos Alvarez creyó oportuno hacer tal aclaración para, con ella, mejor caracterizar el contenido de sus relatos. Pues parece admisible que, en líneas generales, los escritores románticos reservaban el verso para las narraciones de corte fantástico o legendario, y no para las de carácter realista o de ambiente contemporáneo, que apenas resultaban imaginables fuera de la expresión prosística. Quiero decir que así como lo temas históricos, fantásticos, legendarios, fabulosos, admitían tanto la expresión versificada como la prosística, los temas de carácter realista y de época actual sólo parecían admitir la forma prosificada, excepto en los años del naturalismo literario, en que poetas como Campoamor y Núñez de Arce no tienen ya inconveniente en tratar tal temática en composiciones en verso, a la manera de *El tren expreso, Maruja,* etcétera.

Por un lado pues tenemos la posibilidad de unos cuentos legendarios, fantásticos, tradicionales, cultivados por los románticos tanto en prosa como en verso. Por otro, la presencia de unos cuentos exclusivamente escritos en prosa, como consecuencia de la temática elegida por sus autores. Sobra advertir que fue este tipo de cuento el que había de prevalecer y de imponerse como forma moderna del género, hasta el punto de que hoy resulta difícilmente concebible la existencia del cuento en verso.

En consecuencia, no parece que sea necesario esforzarse por establecer diferencias entre cuentos, leyendas, tradiciones, etc., ya que, en definitiva, se trata de un asunto de pura clasificación temática. Quiero decir que así como existen cuentos humorísticos, trágicos, sociales, los hay también legendarios, fantásticos, etcétera.

b) *Artículos de costumbres*

Más compleja resulta la confrontación del *cuento* y el *artículo de costumbres*. ¿La diferencia es sólo de contenido o afecta también a la forma, a la estructura? En principio se diría que los dos géneros quedan suficientemente diferenciados por la concreción temática a que alude la estricta denominación de *artículo de costumbres,* en contraste con la indeterminación y vaguedad que el *cuento* supone con relación a sus posibles contenidos y temas. A la vista de un artículo de costumbres presentado como tal, ya sabemos a qué atenernos respecto de su contenido, aun antes de leerlo. Lo que el costumbrista nos ofrezca podrá caracterizarse por el doliente humorismo y el grave acento crítico —Larra—, por la blanda socarronería y la benévola sonrisa —Mesonero Romanos—, por el brillante colorido y la animada plasticidad —Estébanez Calderón—; pero en todos los casos sabemos de antemano cuál es el contenido de lo que vamos a leer: descripción de tales o cuales costumbres. En cambio, el simple rótulo de *cuento* colgado de un relato breve en prosa no nos orienta en nada con relación al tono y características de su contenido.

Sin embargo, no pocos titulados cuentos inciden plenamente en lo costumbrista, en fenómeno correlativo con el que se observa en ciertos artículos de costumbres, cuya configuración y movimiento hacen de ellos verdaderos cuentos. Es lo que ocurre con algunas *escenas matritenses* del citado Mesonero Romanos: v. gr., «El retrato», «De tejas arriba».

Téngase en cuenta que el artículo de costumbres puede adoptar distintas configuraciones. Hay una, abstracta, en que el autor especula sobre costumbres, pero sin apenas concretar, sin darnos los humanos moldes en que esas costumbres encarnan o, por lo menos, sin tomar como base o pretexto un argumento: v. gr., «Modos de vivir que no dan de vivir», «El hombre globo», de Larra.

No es ésta, sin embargo, la forma más abundante ni más literaria, sino aquella otra en que el articulista imagina una acción, mueve una trama y crea unos personajes, presentándose pues un cuadro animado, cuya mayor o menor semejanza con el cuento estará en razón directa de la dosis argumental —peripecia— que se haya vertido en la acción. «El castellano viejo» de Larra es un buen ejemplo de esta clase de artículos de costumbres con acción, personajes y diálogo que lo asemejan a la ficción narrativa breve que es el cuento. Por eso, desde hace muchos años, son bastantes las antologías de este género que se caracterizan por la inclusión en sus páginas de artículos de costumbres. Ya en 1894 y a propósito de una antología publicada por Enrique Gómez Carrillo de *Cuentos escogidos de autores castellanos contemporáneos,* tuvo ocasión Emilia Pardo Bazán de combatir tal criterio y de diferenciar, como especies distintas, cuento y artículo de costumbres.

Sin embargo, no siempre es fácil la diferenciación, por más que, en líneas generales, tal vez podría aceptarse que así como en el artículo de costumbres prevalece la descripción detallista de ambientes y la pintura satírica de tipos, en el cuento importan más otros componentes: la vibración emocional, la tensión narrativa dada por la índole del argumento o de la situación, el trasfondo poético que a veces se da en sus pocas páginas...

El costumbrismo persigue el cuento como la sombra al cuerpo, tal vez porque contribuyó a su aparición y lo nutrió constante y generosamente. En 1900 Pío Baroja publica *Vidas sombrías* y mezcla allí los cuentos genuinos con los que casi vendrían a ser poemas en prosa —«Mari Belcha»— y con verdaderos cuadros costumbristas: «La venta», «Angelus».

Recuérdese asimismo, en otro plano intencional, el caso de las muy populares y admiradas *Tradiciones peruanas* de Ricardo Palma, en las que también se mezclan y alternan los tonos del cuento, del chiste, de lo legendario, de lo costumbrista, de lo histórico...

El cuento clásico, por así decirlo, el que se impuso en el XIX, el cultivado por *Clarín,* por Chejov, por Maupassant, etc., es fundamentalmente argumento. En la intensidad de su breve trama radica su fuerza y su eficacia estética. Cuando el cuento se carga de elementos descriptivos, de notas satíricas, suele acercarse a la forma propia del artículo de costumbres.

c) *Poemas en prosa*

Otro género allegable al cuento y confundido frecuentemente con él, es el *poema en prosa*. En cierto modo, algunas de las especies narrativas breves que el romanticismo cultivó —la leyenda, la balada— venían a ser, esencialmente, poemas en prosa. Un muy bello ejemplo de tal identificación lo ofrecen las famosas *Leyendas* de Bécquer, algunas de las cuales adoptan la disposición, el ritmo y el tono de verdaderos poemas en prosa, v. gr., «La creación». La proximidad, el parentesco de ambos géneros se percibe igualmente en no pocos de los breves relatos en prosa de Rubén Darío: «El rey burgués», «La canción del oro», «Cuento de Navidad», «La resurrección de la rosa», «El velo de la reina Mab», etc. Al gran escritor nicaragüense se debe la definitiva fijación del poema en prosa, a partir de 1888, fecha de la publicación de *Azul...,* donde incluyó algunos de esos relatos. De ellos decía don Juan Valera: «En el libro hay cuentos en prosa y seis composiciones en verso. En los cuentos y en las poesías todo está cincelado, burilado, hecho para que dure, con primor y esmero, como pudiera haberlo hecho Flaubert o el parnasiano más atildado».

El mismo Rubén Darío, en una carta publicada en *La Nación,* fechada en 1913 en París, se refirió a las influencias asimiladas en *Azul...* y al origen de algunos cuentos: «En cuanto al estilo, era la época en que predominaba la afición por la *escritura artística* y el diletantismo elegante [...]. En «El velo de la reina Mab» el deslumbramiento shakesperiano me poseyó, y realicé por primera vez el poema en prosa. Más que en ninguna de mis tentativas, en ésta perseguí el ritmo y la sonoridad verbales, la transposición musical».

Estos son, precisamente, los rasgos más distintivos del poema en prosa —ritmo, sonoridad, transposición musical—, y los que mejor servirían para diferenciarlo del auténtico cuento, en el que si algo de eso se consigue es de rechazo, y no porque el autor se lo haya propuesto como objetivo fundamental.

Nuevamente habría que acudir a la trama, al argumento, a la situación, a todo lo que en el cuento significa una tensión, un mínimo de peripecia, para comprobar cómo el adelgazamiento o exclusión de tales componentes en un relato breve hace de éste un poema en prosa, siempre que, al mismo tiempo, hayan crecido y cobrado casi categoría protagonística los factores formales de ritmo, lenguaje, musicalidad, etc., aquellos que Rubén Darío decía haber manejado en «El velo de la reina Mab».

A finales del siglo XIX —ya quedó apuntado antes— poetas como Núñez de Arce, Campoamor, se esfuerzan por dar a la poesía un tono realista y aun naturalista, acercándola lo más posible a la prosa e incluso al lenguaje cotidiano, conversacional.

Los escritores modernistas, a partir sobre todo de Rubén Darío, intentan hacer con la prosa lo que Campoamor y Núñez de Arce con el verso, pero animados de una intención completamente opuesta. Ahora se pretende acercar la prosa al verso, mediante la incorporación de adecuados elementos rítmicos, mediante el empleo de la llamada *escritura artística.*

Los dos intentos tenían una raíz común: borrar las diferencias entre la prosa y el verso, para lo cual se idean dos soluciones distintas y opuestas: prosaización del verso y poetización de la prosa.

El cuento se convierte en género apropiado para tales experimentos. Y si Campoamor y Núñez de Arce escriben verdaderos cuentos en verso, Rubén y sus seguidores hacen poemas en prosa, en los cuales no importa tanto lo que se cuenta (si es que se cuenta algo) como la forma, la expresión empleada para contarlo.

Quizás una fórmula simplista que nos permita diferenciar con claridad ambos géneros, cuento y poema en prosa, consista en lo siguiente: cuando podemos resumir el asunto, el contenido de un relato breve en prosa (cuando podamos *contarlo*) es que, indudablemente, estamos ante un *cuento.* Cuando no sea posible o, por lo menos, no resulte fácil tal experiencia, puede suponerse que lo que tenemos delante es un *poema en prosa.*

d) *Novelas cortas*

Más fácil resulta distinguir el *cuento* de la *novela corta,* ya que aquí todo parece reducirse a cuestiones de simple extensión, de número de páginas, de tiempo consumido en la lectura. La *novela corta* estaría a medio camino entre el *cuento* y la *novela* sin más. Sería el género equivalente de la *nouvelle* francesa, para el cual *Fernán Caballero* empleó el término de *relación.* Sería el género que Cervantes llamó simplemente *novela,* al dar título a la colección de sus *ejemplares,* en una época en que aún no se había olvidado totalmente el valor diminutivo que la palabra tenía en lengua italiana. Fue después —según ya quedó estudiado— cuando, al perderse tal valor, se recurrió a la denominación *novela corta* para designar lo que igualmente podría haber sido llamado (quizá con más propiedad) *cuento largo.* De hecho, alguna vez empleó tal denominación doña Emilia Pardo Bazán, afortunada cultivadora de las tres modalidades narrativas: novela, novela corta y cuento. Así, con referencia a la narración de J. Octavio Picón, *Dulce y sabrosa,* dijo la Pardo Bazán: «En el cuento largo o juguete de Picón hay fondo bastante para novela...». Y de *Las veladas de Médan* dijo la misma Pardo Bazán en su libro sobre *El naturalismo* (tomo III de *La Literatura francesa moderna):* «Encabeza el volumen un cuento largo de Zola, ''El ataque al molino''...».

La denominación de *cuento largo* no ha prevalecido, lo cual no deja de ser una lástima, pues, en mi opinión, resulta más adecuada que la de *novela corta,* al estar más vinculado este género al cuento que a la novela extensa. El *cuento largo* no es el típico perro hinchado, sino sencillamente un relato cuyo tema, cuyo desarrollo ha exigido más páginas que las normales de un cuento. Al igual que éste, la novela corta ha de actuar en la sensibilidad del lector con la fuerza de una sola, aunque más prolongada, vibración emocional.

La novela suele tener una estructura casi calificable de sinfónica, integrada por la disposición de varios movimientos, un juego de tensiones, de contrastes, una sucesión de vibraciones. No percibimos el efecto total hasta que ha sonado el último acorde, hasta que se ha extinguido la última de esas vibraciones. El cuento es una sola vibración emocional. La novela corta, una vibración más larga, más sostenida.

La novela corta no es, por consiguiente no debe ser, un *cuento dilatado;* es un *cuento largo,* cosa muy distinta, ya que el primero se refiere a aumento arbitrario —con personajes secundarios, interferencias propias de la novela extensa—, y el segundo alude a un asunto para cuyo desarrollo no son necesarias digresiones, pero sí más palabras, más páginas.

Albert Thibaudet ha definido perfectamente la novela corta, al decir: «Entre la novela y la novela corta hay la diferencia que existe entre lo que es un mundo y lo que está en el mundo». Evidentemente, esa cualidad de *estar en el mundo* conviene asimismo al cuento, en cuyas reducidas dimensiones suele estar captado algún instante, algún trozo de vida expresivo e intenso.

V

EL CUENTO Y LA NOVELA

Llegamos así a la confrontación decisiva: la del cuento comparado con la novela. Y al llegar a este punto, me permito remitir al lector a lo apuntado en otro estudio mío[1], con objeto de evitar excesivas reiteraciones. No obstante, habrá que insistir en algunos puntos, para así intentar una delimitación lo más clara posible de lo que es el cuento, género histórica y tradicionalmente vinculado a la novela, pero nítidamente separable de ella, no sólo por sus dimensiones, sino también por sus especiales rasgos estéticos.

La relación histórica entre ambos géneros, el hecho de su indudable parentesco y genealogía —el cuento como primera manifestación literaria de lo que, andando el tiempo, había de crecer hasta convertirse en novela— ha suscitado ciertas confusiones, no siempre fáciles de evitar. Y así, en las letras españolas, el *Lazarillo de Tormes* ha sido considerado unas veces como *novela* —primera aparición de la novela picaresca—, otras como *novela corta,* y hasta como *cuento* o conjunto de cuentos. (Sobre la integración de cuentos tradicionales en la anónima novela castellana han escrito interesantes páginas Marcel Bataillon y María Rosa Lida).

Parece pues conveniente intentar un deslinde lo más claro posible, fijándose no sólo en las dimensiones, sino en otros as-

---

1. Véase *Qué es la novela,* incluido anteriormente.

pectos que afectan a la misma entraña estética, a la última intención de ambos géneros.

Para muchos lectores el cuento no es sino una novela reducida o un fragmento novelesco. Con la misma razón hay quien afirma que algunas novelas no son sino cuentos estirados. Así, el doctor Gregorio Marañón, al prologar en 1947 unos cuentos del escritor brasileño Osvaldo Orico, diferenciaba novela y cuento por la cantidad de elementos accesorios que contienen: «En el cuento, la acción, condensada, lo es todo, con breves toques de escenografía descriptiva y el paso rápido de personajes por el fondo del escenario, ocupado por los protagonistas. En la novela, esta misma acción se diluye en aquellos otros componentes accesorios. Y así, muchas veces, al terminar un cuento, nuestro comentario es: con este cuento se hubiera podido hacer una gran novela. ¡Cuántas veces se ha dicho esto de Maupassant! Así como al leer una novela larga, como esas que propugnan ahora los norteamericanos para amenizar durante varias semanas el viaje diario de la casa al trabajo, o para distraer toda una vacación sin poner más que un solo volumen en la maleta, lo primero que se nos ocurre pensar es que todo ello, que puede estar muy bien, cabría holgadamente en veinte páginas, es decir, en las dimensiones de un cuento».

Parece más factible el segundo caso apuntado por Marañón que el primero. Pues no creo que resulte una cualidad positiva el que un cuento equivalga a una novela condensada, comprimida. En mi opinión, nada tiene de elogioso el decir de un cuento que puede convertirse en una novela, mediante un simple proceso de ampliación, de estiramiento. Si de una narración breve sacamos la impresión de que allí hay en potencia una gran novela, es muy probable que estemos ante un mal cuento, ante una novela frustrada.

Normalmente el buen escritor sabe distinguir los asuntos, percibe clara e intuitivamente la adecuación tema-forma, y nunca elegirá un asunto de novela para cuento, o viceversa. Considero un error suponer que el escribir novelas extensas, cortas o cuentos es simple cuestión de alargar o comprimir unos mismos temas. Si las cosas ocurrieran así, el proceso creador casi quedaría reducido a un dar más o menos cuerda a la máquina narrativa, a cortar el hilo del realto muy pronto o muy tarde, dejando que fluyan las aguas caudalosa, moderada o breve y delgadamente.

Las diferencias entre novela extensa, corta y cuento residen en algo más que en sus dimensiones, con ser éstas las que, al imponerse a nuestra vista de forma muy ostensible, parecen delimitar con suficiente claridad el área específica de cada género. Ese «algo más» viene dado por la índole de sus argumentos. Imaginemos un cuento típico, un clásico del género —v. gr., *¡Adiós, Cordera!* de *Clarín*— convertido en novela. El alargamiento de tan breve anécdota equivaldría a la anulación de su intensidad, de su fuerza emocional y poética. La virtud estática de un relato como ése está en razón directa de su brevedad, y tan pronto como ésta cediera el puesto a una considerable extensión narrativa, se evaporaría, simultáneamente, el aliento poético que sólo parecía poder darse en las escasas páginas del relato breve. Con su ensanchamiento se diluiría, se disolvería lo que antes era apretado gránulo emocional.

El cuento pues no se diferencia exclusivamente de la novela en el hecho de que ésta admita esos «componentes accesorios» de que hablaba Marañón —personajes secundarios, descripciones, interferencias—, inexistentes en el primero y normales en la segunda. Se diferencia en la índole de los asuntos, de los temas, ya que los encarnables en forma de cuento no suelen admitir fácilmente su ampliación novelesca. El cuento que equivalga a novela en síntesis es un producto literario deficiente: la novela que pudo ser y que por prisa, incapacidad narrativa de su autor o cualquier otra causa quedó transformada en raquítica sinopsis sin fuerza emocional ni estética.

Con razón decía en 1925 Henry Mérimée, al reseñar *El ombligo del mundo* de Ramón Pérez de Ayala: «Se ha observado frecuentemente que entre la novela *(roman)* y la novela corta o el cuento (la *nouvelle)* no hay solamente una diferencia de extensión. La novela persigue la aventura de que se trata desde sus orígenes a sus últimas consecuencias; es, en muchos aspectos, una «crónica», es decir un relato cronológico cuyo plano se modela sobre el orden mismo de los acontecimientos y cuya exactitud no admite omisiones ni reducciones. El cuento y la novela corta buscan sus temas entre aquellos cuyas crisis, por su rapidez, exigen la brevedad; simplifican, condensan, proceden por omisión más bien que por desarrollo; proyectan su luz sobre algunas circunstancias de una situación, no constituyen ningún gran cuadro, sino una miniatura exactamente dibujada».

Las diferencias más marcadas entre el cuento y la novela quedarán puestas de manifiesto más adelante, al ocuparnos de las técnicas propias del primer género.

VI

EL CUENTO Y LA POESIA

Ahora interesa más establecer una nueva confrontación del cuento con otra expresión literaria, en apariencia bastante alejada de él y no incluible entre los géneros próximos. Me refiero a la expresión poética.

Ya antes se ha dicho algo relativo al acercamiento de cuento y de poesía, a través de la zona intermedia y vinculadora que vendría a ser el poema en prosa.

Conviene, sin embargo, insistir en que tal acercamiento se produce por medio de lo formal, de los ritmos y sonoridades de un lenguaje que, deliberadamente, se aparta de la normal andadura narrativa para incidir en la más cuidada y musical de la «escritura artística», para buscar, sin caer en el verso, los efectos que son propios de éste.

El poema en prosa podrá ser una versión superlativa del cuento poético, en el que todo queda confiado al lenguaje, sin que el tema importe demasiado, a diferencia de lo que ocurre en el cuento más genuino y puro. No es que en éste quepa despreciar la forma, pero evidentemente ésta se halla en una situación ancilar con referencia al tema, ceñida a él, expresándolo con las palabras exactas, que no tienen por qué ser las más rítmicas, las más sonoras.

Un cuento es fundamentalmente un tema que sólo parece admitir, con plena eficacia estética, la forma del relato breve.

Ese tema es aislable, susceptible de ser contado con otras palabras, a diferencia de lo que ocurre con los motivos propios de los poemas en prosa, tan ligados a la rítmica expresión que los recubre, que resultan poco menos que indespegables de ella. Cualquier lector del antes citado *¡Adiós, Cordera!* puede resumir oralmente el relato, contarlo ante un auditorio, y a poca habilidad que tenga, es muy posible que logre provocar cierta emoción, que nunca podrá ser la suscitada por la lectura misma del cuento, pero que revela con suficiente claridad cómo gran parte de la fuerza del relato reside en el hallazgo del tema.

El cuento suele herir la sensibilidad de un golpe, puesto que también suele concebirse súbitamente, como en una iluminación. Decía Marcel Prévost, con referencia a los cuentos de Maupassant, que la excelencia de su composición aparece tan clara «que la mirada y la memoria del lector la reflejan de pronto».

Si la memoria del lector recuerda el cuento de pronto, de una vez, es porque en el cuento no hay digresiones ni personajes secundarios; es porque el cuento es argumento, ante todo.

De una novela se recuerdan situaciones, momentos, descripciones, ambientes, pero no siempre el argumento. ¡Cuántos lectores de *La cartuja de Parma,* por ejemplo, habrán olvidado, con el paso del tiempo, la trama general de la novela stendhaliana, pero no, quizás, el extraordinario episodio de la batalla de Waterloo vivido por Fabrizio del Dongo, sin apenas haberse enterado del alcance de tal hecho histórico!

Un cuento se recuerda íntegramente o no se recuerda. Todo esto parece sugerir que mientras las peripecias de una novela pueden complicarse, no sucede lo mismo en el cuento, cuya trama ha de poseer el suficiente interés como para ser captada —y por ende, recordada— de golpe, sin pecar nunca de enmarañada, como una novela en síntesis. Es condición ésta que revela la dificultad del cuento, ya que su autor no puede utilizar los recursos normales de la novela, de suspender una acción e introducir otra, y volver a aquélla al cabo de muchas páginas; de desorientar al lector en cuanto a la conducta de los personajes; de hacer funcionar, a lo largo de la dilatada narración, unos núcleos polarizadores del interés del lector, etc. En el cuento los tres tiempos o momentos de las viejas preceptivas —exposición, nudo y desenlace— están tan apretados que casi son uno solo. El asunto, la situación, el tema ha de ser sencillo y apasionante a la vez. El lector de una novela podrá, quizá, sentirse defraudado por el primer capítulo, pero tal vez el segundo capte su atención. En el cuento no hay tiempo para eso: desde las primeras líneas ha de atraer la atención del lector. Si éste no *entra* entonces en el relato, es muy probable que tal situación se mantenga hasta la lectura de la última línea.

Con razón ha dicho el gran cuentista argentino Julio Cortázar que «la novela y el cuento se dejan comparar analógicamente con el cine y la fotografía, en la medida en que una película es en principio un "orden abierto", novelesco, mientras que una fotografía lograda presupone una ceñida limitación previa, impuesta en parte por el reducido campo que abarca la cámara y por la forma en que el fotógrafo utiliza estéticamente esa limitación [...]. Mientras en el cine, como en la novela, la captación de una realidad más amplia y multiforme se logra mediante el desarrollo de elementos parciales, acumulativos, que no excluyen, por supuesto, una síntesis que dé el «climax» de la obra, en una fotografía o un cuento de gran calidad se procede inversamente, es decir que el fotógrafo o el cuentista se ven precisados a escoger y limitar una imagen o un acercamiento que sean *significativos,* que no solamente valgan por sí mismos sino que sean capaces de actuar en el espectador o en el lector como una especie de *apertura,* de fermento que proyecta la inteligencia y la sensibilidad hacia algo que va mucho más allá de la anécdota visual y literaria contenidas en la foto o en el cuento».

Perdónese tan extensa cita en gracia al ingenio y eficacia de la comparación propuesta por Cortázar. Casi parece superfluo advertir que de la misma extrae el autor conclusiones idénticas a las antes apuntadas. Y así Cortazar considera que en tanto que «la novela acumula progresivamente sus afectos en el lector», «un buen cuento es incisivo, mordiente, sin cuartel desde las primeras frases». «Tomen ustedes cualquier gran cuento que prefieran, y analicen su primera página. Me sorprendería que encontraran elementos gratuitos, meramente decorativos. El cuentista sabe que no pude proceder acumulativamente, que no tiene por aliado al tiempo; su único recurso es trabajar en profundidad, verticalmente, sea hacia arriba o hacia abajo del espacio literario. Y esto, que así expresado parece una metáfora, expresa sin embargo lo esencial del método. El tiempo del cuento y el espacio del cuento tienen que estar como condensados, sometidos a una alta presión espiritual y formal para provocar esa «apertura» a que me refería antes».

Si ahora repasamos lo últimamente apuntado y los expresivos textos de Cortázar, veremos que todas esas características del cuento —condensación, instantaneidad, capacidad emocional y estética— son precisamente las que permiten y justifican de algún modo el antes propuesto allegamiento a la poesía. Entiéndase bien que con el mismo no se trata de mezclar o envolver dos muy distintos modos literarios, muy diferenciadas maneras de creación. Unicamente se pretende hacer ver cómo se configura el cuento a la luz de algunos aspectos consustanciales a la experiencia poética.

Dijimos ya que el tema, el asunto de un cuento se concebía rápidamente, de una vez, como en una iluminacion. La novela exige lenta meditación, un ir añadiendo incidencias a la idea inicial. Y si lo normal en la realización de un cuento es que éste se escriba de una vez, poco menos que de un tirón, la normal elaboración de una novela exige días y días, meses y aun años.

La génesis del cuento, concebido así brusca, súbitamente, se asemeja a la de la poesía. D.ª Emilia Pardo Bazán, que por el número y calidad de sus cuentos era testigo excepcional, escribió en el prólogo de sus *Cuentos de amor* (1808): «Noto particular analogía entre la concepción del cuento y la de la poesía lírica: una y otra son rápidas como un chispazo y muy intensas —porque a ello obliga la brevedad, condición precisa del *cuento*—. Cuento original que no se concibe de súbito, no cuaja nunca. Días hay —dispensa, lector, estas confidencias íntimas y personales— en que no se me ocurre ni un mal asunto de cuento, y horas en que a docenas se presentan a mi imaginación asuntos posibles, y al par siento impaciencia de trasladarlos al papel. Paseando o leyendo; en el teatro o en ferrocarril; al chisporroteo de la llama en invierno y al blanco rumor del mar en verano, saltan ideas de cuentos con sus líneas y colores, como las estrofas en la mente del poeta lírico, que suele concebir de una vez el pensamiento y su forma métrica».

La semejanza entre la concepción del cuento y la de la poesía es, probablemente, la que en 1944 hizo decir a *Azorín* que «el cuento es a la prosa lo que el soneto al verso».

Y en fecha más reciente, Alberto Moravia ha podido escribir en el prólogo a una antología de *Racconti italiani,* hecha por G. Carocci (Milán, 1958): «Los personajes de los cuentos son el producto de intuiciones líricas, los de la novela de símbolos». Y también: «Este encanto [el del cuento] es de una muy compleja especie: procede de un arte literario sin duda más puro, más esencial, más lírico, más concentrado y más absoluto que el de la novela». Y así como para Moravia, la novela se relaciona con el ensayo y con el tratado filosófico, «el cuento se acerca más a la lírica».

He traído a colación todos estos textos, de distintas épocas, para reforzar una idea que, desde 1949, fecha de mi libro sobre *El cuento español en el siglo XIX,* me es especialmente querida: la de considerar que sólo es posible entender bien la esencia del cuento, acercándolo no a su hermana mayor, la novela, sino a esa otra iluminadora zona de la poesía lírica.

Entiéndase bien que cuando se establece tal vinculación, no se quiere decir que el cuento sea una especie lírica, un subproducto poético, algo así como la intuición de un poema que se deslizó hacia la prosa por deficiencia expresiva, en vez de fluir hacia el normal cauce del verso.

En el allegamiento de cuento y poesía importa más —aunque nos resulte prácticamente inaccesible— el momento mismo de la creación, el descubrimiento del poema o del tema cuentístico, que los resultados en que tal intuición encarna, muy diferenciada ya, según se trate de versos líricos o de menuda prosa narrativa.

A nadie se le ocurriría relacionar el modo de concebir y de hacer del novelista con el del poeta lírico. En cambio, en el cuento sí es posible tal aproximación, no porque se admita la semejanza de forma, tono e intención entre las creaciones de un poeta y las de un cuentista, sino, simplemente, porque se adivina, aunque no pueda explicarse con impecable razonamiento lógico, que, muchas veces, las sensaciones y sentimientos que un cuento despierta en nosotros no andan muy lejos de los que nos provoca la lectura de ciertas poesías líricas. Se trata de algo que no afecta propiamente la forma ni los temas, sino más bien lo que podríamos considerar el *tono.* Es así como, aun admitiendo que la forma del cuento se relaciona muy estrechamente con la de la novela, su tono ya no puede ser calificado de novelesco. Y sin que el mismo admita totalmente la consideración de *poético,* parece claro que es a éste al que más se acerca, aunque su acento, su voz, no sean los de la pura poesía lírica. Es rasgo propio de ésta su fuerza penetrativa, que diríamos se afila cuando el molde métrico se presta a ello. De ahí lo acertado de la comparación azoriniana entre el cuento y el soneto. La intensidad poética que éste conlleva en sus catorce endecasílabos es fruto y consecuencia de tan limitada estructura. A este fenómeno de *condensación* aludía agudamente Julio Cortázar, según vimos ya.

Y no es, naturalmente, que el cuentista opere por reducción, y comprima en los límites de un cuento un tema o asunto que podría haberse desarrollado con más eficacia en las dimensiones de una novela. Lo que sucede es que el cuentista intuye cuáles son los asuntos adecuados a la forma del cuento, de manera semejante a como el sonetista sabe bien cuáles son las motivaciones que pueden apretarse en los catorce versos, sin que se le ocurra comprimir en ellos lo que hubiera sido materia de una composición poética más amplia. ¿Cabe, por ejemplo, imaginar a Quevedo apretando la materia de su famosa *Epístola censoria* en uno de sus sonetos; o, por el contrario, diluyendo la sustancia de algunos de éstos —piénsese en la serie de los llamados metafísicos, en los que tiempo y muerte constituyen las motivaciones fundamentales— en la estructura de una extensa epístola?

Perdónese tan enojosa insistencia, habida cuenta de que sólo a su través me parece posible llegar a una explicación del género que nos ocupa como especie literaria ligada histórica y formalmente a la novela, pero vinculada intencionalmente al hacer poético, con el que tantas coincidencias presenta. En la definición del cuento habría pues que aludir no sólo a sus reducidas dimensiones, y a la textura narrativa por la que se acerca formalmente a la novela, sino también a ese su tan peculiar *tono,* que si no es propiamente poético, se acerca mucho a él, por lo menos en lo que atañe a las reacciones del lector. Reléase, si no, alguno de los mejores cuentos de un Chejov, de una Katherine Mansfield, y trátese de analizar la índole de las emociones que su lectura suscita en nosotros. Se verá que son de tono muy distinto de las que pueda comunicarnos una novela. Se comprobará que por su efecto entre deslumbrador y quemante son de tono muy parecido a las que suele producirnos la lectura de ciertos poemas líricos.

No resulta casual a este respecto el que bastantes cuentistas hayan sido antes poetas, escribiendo inicialmente libros de versos, para después pasar al cultivo del cuento. Es más que probable que en todo gran cuentista haya una muy *sui generis* vocación poética que, por distintas, complejas y muy matizables causas, acabó por orientarse hacia la narración breve como vehículo adecuado para un linaje de sentimientos y de visiones que, no resultando aptas para la pura expresión lírica, tampoco parecían adecuadas para la amplia y elaborada expresión novelesca.

De ahí que en 1949 pudiera atreverme a formular una definición del género *cuento,* que creo puede reproducirse aquí, no porque la considere totalmente acertada o inmodificable, sino porque intenta recoger en pocas líneas todo lo últimamente expuesto: El cuento es un preciso género literario que sirve para expresar un tipo especial de emoción, de signo muy semejante a la poética, pero que no siendo apropiada para ser expuesta poéticamente, encarna en una forma narrativa próxima a la de la novela, pero diferente de ella en técnica e intención. Se trata pues de un género intermedio entre poesía y novela, apresador de un matiz semipoético, seminovelesco, que sólo es expresable en las dimensiones del cuento.

VII

ALGUNAS MODALIDADES DEL GENERO

Aparte algunas modalidades reseñadas ya —v. gr., las leyendas, los cuentos populares, los relatos críticos-satíricos de configuración semejante a la del artículo de costumbres, etc.—, parece oportuno inventariar aquí, aunque sea sumariamente, algunas de las principales especies narrativas breves, según han ido apareciendo en la evolución histórica del género. En sus más primitivas manifestaciones, dentro de nuestras letras y, en general, en las europeas del Medioevo, el cuento entendido como ejemplo o apólogo adoctrinador no existe en forma independiente, sino en la de colecciones o conjuntos narrativos, caracterizados frecuentemente por la presencia de una trama-marco o pretexto. En el viejo fabulario de *Calila e Dimna* son las intrigas, en la corte del león, de los dos lobos que dan título al libro las que asumen esa función organizadora y vertebradora de los cuentos que van insertándose a lo largo de la leve trama general. En *El conde Lucanor* de D. Juan Manuel, el pretexto suscitador de los cuentos se reduce a las conversaciones que el conde tiene con su consejero Patronio, y a los avisos morales que éste le da, ilustrados con los cuentos adecuados a cada caso. En el *Decamerón* boccacciesco es la peste florentina de 1348 la que actúa de trama-marco, al presentarnos a siete damas y a tres caballeros que huyen de la asolada ciudad y se refugian en una finca campesina, donde organizan distintos entretenimientos, entre ellos el contar relatos. En los *Cuentos de Canterbury* de Chaucer, los peregrinos que cami-

nan hacia la abadía donde se veneran los restos de Tomás Bec-
kett acuerdan relatar diversos cuentos para amenizar las jornadas del viaje.

El cuento medieval y aun el de los siglos de oro no vive
pues en forma aislada, sino integrado con otros cuentos en colecciones que pueden ser tan extensas como, en las letras españolas medievales, el *Libro de los exemplos* o *Summa de exemplos por A.B.C.,* de Clemente Sánchez de Vercial, o tan reducidas como algunas colecciones de Timoneda, en el XVI, incluida la más famosa, *El patrañuelo.*

Habrá, realmente, que llegar al siglo XIX para que se pro-
duzca la independencia estética del cuento, y resulte normal el
poder leer un relato breve exento, solitario, sin necesidad del
antes fozoso acompañamiento de otras narraciones. En el siglo
XIX, como consecuencia del auge alcanzado por el periodismo, resulta un hecho habitual y corriente el escribir cuentos
que se publican aisladamente en las revistas de la época; es decir, rodeados del contexto heterogéneo que suponían las restantes páginas del periódico, con su muy variado contenido,
pero sin necesidad ya de su integración en esas plurales estructuras cuentísticas que tanto se dieron en los siglos anteriores.

Evidentemente, esos cuentos que, en principio, se publicaban en diarios y revistas de forma solitaria, luego iban siendo
agrupados con otros del mismo autor y recogidos finalmente
por éste en un libro, en un volumen de configuración semejante
—por su carácter de colección narrativa— a los que fueron ca-
racterísticos de la Edad Media o del Renacimiento. Sin embargo, no cabe olvidar que tal tarea recopiladora se ejerce a *poste-
riori,* pues originalmente los cuentos no fueron concebidos ni
publicados global, sino aisladamente.

' Es más, el especial tono del periodismo en el siglo XIX fa-
voreció la aparición y cultivo del que pudiéramos llamar *cuento de circunstancias.* Y así, cada época del año traía consigo la
presencia, en las páginas periodísticas, de cuentos adecuados a
las festividades de Navidad, Reyes, Semana Santa... El cuento,
al conseguir en el XIX esa extraordinaria vitalidad que le co-
munica su configuración y origen periodístico, funciona a ve-

ces casi como un equivalente de los «editoriales», comentarios o noticias que constituyen su normal contexto en las páginas de la revista o del diario en que ve la luz. Y así, los sucesos políticos, los hechos que apasionaban a la colectividad, los temas del momento, hacen que los más importantes cuentistas españoles del XIX —v. gr. *Clarín*, la Pardo Bazán, etc.— escriban y publiquen en los periódicos cuentos sobre las guerras de Cuba y Filipinas, o sobre la temática social, política, religiosa, más viva y quemante entonces.

La adscripción del cuento al periodismo determina pues un tono polémico, combativo, ese aire de queja, de protesta, de denuncia, de que tantas veces se cargan los relatos de nuestros más conocidos narradores.

La independencia estética, la autonomía conseguida por el cuento en el siglo XIX, no significan que, en nuestros días, hayan desaparecido totalmente artificios narrativos semejantes o relacionables con los de la Edad Media y el Renacimiento. Si en bastantes de las «jornadas» del *Decamerón* se impone —por la reina o el rey elegido para organizar las diversiones de cada día— un pie forzado temático a los narradores —por ejemplo, casos de amantes desdichados—, en algunos libros de cuentos contemporáneos cabe advertir la utilización de recursos no muy distantes, en el fondo, del que empleó Boccaccio. Una de las más bellas colecciones de cuentos que conozco, centrada toda ella en torno a un motivo, que actúa pues como de flexible pie forzado temático, es la admirable *Misteriosa Buenos Aires* de Manuel Mujica Láinez. Todos los cuentos tienen como fondo la capital argentina, cuya historia es evocada desde 1536 —fecha en que transcurre la acción del primer cuento, «El hambre»— hasta 1904, año en que se sitúa el asunto del impresionante cuento final, «El salón dorado».

En cierto modo, una tan extensa obra como *El bosque que llora* de Vicki Baum no es propiamente una novela, sino más bien una colección de relatos breves, con distintos protagonistas y cuyas acciones transcurren en diferentes épocas y lugares, centrados todos en torno a un único tema: el caucho.

Libros de relatos así organizados se configuran casi según la estructura o disposición musical que se conoce como «variaciones sobre un tema». El recurso tiene enormes posibilidades en manos de un cuentista hábil. Y con él se relaciona, en algún modo, el del cuento que podríamos llamar «reversible»; es decir, el escrito en forma de doble relato, cuya segunda parte constituye el justo envés de la primera; de manera semejante a como en la escritura musical —la de un Bach, por ejemplo— es posible dar la vuelta a un canon, en forma de canon retrógrado, disponiendo las notas en orden opuesto al anterior, como si se tratara del envés musical de lo oído inicialmente. Un cuento como *La historia del guerrero y de la cautiva* de Jorge Luis Borges tendría casi una disposición de este tipo.

Un caso peculiar de trabazón perceptible entre dos o más cuentos de un conjunto narrativo viene dado por la repetida presencia de un mismo personaje. Es lo que ocurre en el *Decamerón* con los cuentos que tienen como protagonista al bobo y siempre burlado Calandrino. Quizás haciéndose eco de esa tradición, un excelente cuentista italiano de nuestros días, Italo Calvino, en sus *Idilios y amores difíciles,* se ha servido de un mismo personaje, Marcovaldo, para distintos cuentos: «El portaviandas», «La cura de avispas», «El bosque en la autopista»... Todos esos cuentos que tienen como protagonista a Marcovaldo vienen a ser «variaciones» sobre un mismo tema: la pobreza del proletariado.

Normalmente, cuando un autor colecciona en libro sus cuentos, suele buscar algún rasgo o denominador común perceptible entre todos los allí reunidos, y al que alude el título que los recubre. Bastaría recordar colecciones de cuentos de la Pardo Bazán como sus *Cuentos sacro-profanos, trágicos, de amor;* los *Cuentos morales* de Clarín; los *Cuentos crueles* de Villiers de l'Isle-Adam; los *Cuentos de la selva* de Horacio Quiroga, etc.

Los temas pueden ser en el cuento tan variados como en la novela. De ahí el que resulte imposible tratar aquí de las distintas modalidades de relato breve, determinadas por su amplísima temática.

VIII

LAS TECNICAS

En principio no parece haber más diferencia que la puramente cuantitativa entre los recursos técnicos de que se vale el novelista, y los empleados por el autor de cuentos. Y así, uno y otro pueden narrar en tercera o en primera persona, servirse de la estructura epistolar, de la forma de diario o de memorias, del diálogo, del monólogo interior, de las descripciones, etc. Se diría que con sólo reducir la escala, con miniaturizar en el cuento lo que en la novela tiene dimensiones normales, habríamos obtenido un correcto repertorio de técnicas narrativas no diferenciadas de las novelescas.

Sin embargo el problema de las técnicas narrativas aplicadas al cuento resulta más complejo de lo que a primera vista pudiera parecer, y precisamente por virtud de los especiales fenómenos y consecuencias que conlleva y suscita el citado proceso de reducción o de condensación.

Obsérvese, por ejemplo, lo que ocurre con las descripciones. En una novela éstas pueden ocupar páginas y páginas, tal como ocurre en tantas y tantas obras de Balzac. ¿Se puede decir que tan pormenorizadas descripciones son siempre superfluas? Pues al lado de las que pudieran merecer tal calificación, existen aquellas otras tan ligadas al trazado de los personajes, a su conducta y al sesgo de la acción novelesca, que resultan poco menos que indespegables de todo eso, tal como ocurre con la descripción de la casa en que vive *Eugenia Grandet,* o, en

Papá Goriot, con la pintura de la pensión en que éste se aloja, la «Maison Vauquer». Eliménense en *La regenta* de *Clarín* las descripciones, y se habrá perdido algo más que el fondo de la acción novelesca: el hecho de que en tal novela el ambiente urbano (la ciudad de Vetusta) tenga casi categoría e importancia protagonística, justifica sobradamente el detallismo descriptivo.

En cambio, una descripción de ese tipo transportada a las páginas de un cuento se convierte en una intolerable carga. ¿Cómo podría justificarse una descripción de tres o cuatro páginas en una especie literaria cuyas normales dimensiones vienen a ser ésas, muchas veces? Estúdiense, por ejemplo, los cuentos de Chejov y se verá cómo el autor prescinde en ellos de todo lo que pudiera ser descriptivismo superfluo u ornamental.

Si, por imperativo del tema, ha de haber en un cuento alguna descripción paisajística —tal como ocurre en *¡Adiós, Cordera!* de Alas—, puede observarse cómo el paisaje se incorpora al cuento no de forma sobrepuesta y embarazosa, sino implicado decisivamente en su textura argumental, convertido en componente imprescindible de ésta.

Con el diálogo ocurre algo semejante. Aparte los cuentos total o casi totalmente dialogados —alguno tiene, por ejemplo, Andreiev, o en nuestras letras, Ramón Pérez de Ayala: v. gr., *Exodo,* parcialmente presentado en forma de diálogo dramático, o *La dama negra,* concebido totalmente en forma teatral y hasta subtitulado «Tragedia de ensueño»—, lo normal es que el diálogo no tenga en el cuento el alcance y significación que en la novela. O dicho con más justeza: el diálogo novelesco —tan esencial en ese género, según Ortega y Gasset, como en la pintura la luz— sirve fundamentalmente para darnos a conocer la psicología de los personajes. En el cuento ocurre otro tanto, pero como el narrador no dispone de tiempo, de páginas para hacer el lento análisis de ellas a que nos tiene acostumbrados la novela, parece obvio que el diálogo depende, como las descripciones, de la trama, del argumento, de la situación, de —en definitiva— el núcleo anecdótico del cuento. La breve compacidad de éste no consiente digresiones ni ornamentos superfluos, lo que equivale a decir que no tolera ni descripciones retardatarias ni diálogos divagatorios. De hecho, algunos de los que pueden considerarse «cuentos clásicos», de los escritos en el siglo pasado, se caracterizan por la economía y casi carencia del diálogo. Recuérdese, como ejemplo significativo, el de *Un viejo verde* de Leopoldo Alas, *Clarín,* quizás uno de los más bellos modelos de utilización y significado del diálogo en el cuento: Un señor, de edad ya bastante avanzada, se enamora platónicamente de una hermosa dama, la cual, sabedora de aquella adoración, se burla un día de él en una sala de conciertos. El señor está en un palco contiguo al de la dama, y un rayo de sol que cae sobre la vidriera coloreada de la sala, tiñe de verde su rostro. Es entonces cuando la dama dice a sus amigas en voz alta, con intención de que la oiga su adorador: «Ahí tenéis lo que se llama ...*un viejo verde».* Jamás volvió a ver a aquel hombre, y, tarde ya, comprendió y añoró el tono noble de su amor.

No hay más diálogos en el cuento que las palabras que la protagonista dice a sus amigas, pero en ellas, evidentemente, está contenido todo el sencillo y humano drama.

Por el contrario, un cuento como *¡Qué público!* de Chejov —el revisor que despierta al viajero enfermo, en el tren, para pedirle el billete— nos hace ver hasta qué punto el secreto de bastantes relatos de este autor —posiblemente, el supremo maestro del género— reside en la extraña aleación de exuberante verbalismo, de incontenibles, vehementes, apasionados diálogos, y de enérgica restricción narrativa. Gran parte de la eficacia, de la fuerza de sus cuentos arranca de esa característica.

Los muchos y admirables cuentos que Chejov escribió constituyen otros tantos extraordinarios ejemplos de técnica cuentística. Chejov pareció abarcar todas las posibilidades y recursos, incluido, por ejemplo, el del relato en segunda persona, tan comentado hoy a partir del *vous* narrativo que el novelista francés M. Butor empleó en *La modification.* De la segunda persona se sirvió Chejov en su cuento, o más bien satírico artículo costumbrista, *Torturas de año nuevo.*

Y ya que he aludido a alguna peculiaridad técnica de la novelística actual, no quiero dejar de citar el caso de algún cuento contemporáneo español, concretamente el titulado *Tres platos a la mesa,* de José María Gironella, como ejemplo típico de relato que se deshace mientras se va haciendo, mientras se nos va narrando. Esto nos hace pensar en un cierto sector de la novela europea actual, sobre todo francesa, en el que, en versión superlativa, se da el mismo fenómeno. Alguna vez ha comparado Alain Robbe-Grillet la configuración de sus obras con la del agujero que intentamos cerrar, acercando sus bordes, sin conseguir otra cosa que hacerlo cada vez más grande. Sin que en lo técnico ni probablemente en lo intencional, el citado cuento de Gironella tenga demasiado que ver con los procedimientos de Robbe-Grillet, parece indudable que en él, en su lectura, asistimos al curioso fenómeno del cuento que se disuelve según va adquiriendo corporeidad de tal.

En definitiva, en el cuento son posibles todo tipo de experiencias y en este aspecto —el admitir las más variadas técnicas— es quizá donde mejor se percibe su vinculación y parentesco con la novela. Si en ésta el tiempo es un ingrediente esencial, también en el cuento resulta serlo, aunque su tratamiento difiera y aún se oponga al del género narrativo extenso. Un novelista es capaz de transformar los segundos en minutos de lectura, los instantes en prolongados análisis descriptivos. Recuérdese, en *A la recherche du temps perdu* de Proust, la descripción de aquel beso que el narrador da a Albertina, fugacísimo en su duración real, muy alargado en la literaria; como si el narrador lo hubiera sometido a un efecto cinematográfico de *ralenti,* de cámara lenta. El novelista sabe que la fluencia temporal es uno de los máximos recursos que el género, tan flexible, tan libre, pone a su disposición. Porque dispone de tiempo, de páginas y páginas, el novelista es capaz de intentar estructuras sinfónicas, de disponer lentamente todos sus efectos, de construir cuidadosamente complejos edificios narrativos en los que no importa que se perciban las distintas partes o pisos de que se componen, pues su fuerza estética procede precisamente de esa disposición episódica.

Esto no es posible en el cuento. Aquí el tiempo es sentido más como límite que como libertad. Un cuentista puede narrar unos hechos de muy breve duración, pero también es capaz de condensar años y años en muy pocas páginas, tal como ocurre en el tantas veces citado *¡Adiós, Cordera!* *Clarín* nos presenta allí a unos niños, *Pinín* y Rosa, a los que luego, al final del relato, vemos ya adultos. Lo que el cuentista no puede hacer, por supuesto, es historiar con detalle lo ocurrido entre esa infancia y esa juventud. El cuento se compone de dos momentos decisivos: la venta de la vaca Cordera, tan querida por los niños, para ser sacrificada en el matadero. Y un segundo patético momento: la marcha como soldado de *Pinín* por el mismo camino, en el mismo tren que, años antes, se había llevado a la vaca Cordera.

Quiere decir todo esto que si, al igual que ocurre en la novela, en el cuento cabe la mayor libertad y elasticidad en lo que se refiere a efectos de amplificación o reducción temporal, siempre supondrá, no obstante, un elemento decisivo y diferenciador la cuestión de límites: los impuestos por sus reducidas dimensiones. Pero justamente en esos límites está la fuerza, la potencia estética y emocional del cuento, como la del soneto reside en la frontera marcada por sus solos catorce versos.

No me parece casual ni mucho menos el que uno de los temas más cultivados por los cuentistas de diversas épocas y naciones sea el de los seres y objetos pequeños. Se diría que existe una inevitable correspondencia entre la brevedad del objeto suscitador de la narración y la de esta misma. Lo cual permite aislar una temática poco menos que específica del género cuento, sin apenas posibilidad de transvase a la novela. En la literatura del siglo pasado fueron innumerables los cuentos caracterizados por tal temática. Recuérdense, en las letras españolas, *La corneta de llaves* de P. A. de Alarcón; *Por un piojo...* del P. Coloma; *La perla rosa, La caja de oro, El encaje roto, Ocho nueces, El gemelo, La flor seca, La cana* de la Pardo Bazán, etc. En la producción narrativa de Chejov podrían citarse *El álbum, Una condecoración,* etc. *El abejorro* de Unamuno es también un cuento de esta clase, y su tema recuerda algo el de *La corneta de llaves* de Alarcón, ya que si aquí el narrador explica el porqué de su odio hacia tal instrumento, en el relato unamuniano son explicadas las causas de la aversión al insecto que figura en el título.

Rasgo típico y muy repetido en estos cuentos es el hacernos ver cómo una aparente minucia —un objeto insignificante— se carga de trascendencia. *El encaje roto* de la Pardo Bazán resulta muy significativo: Una boda se deshace cuando la novia, vestida ya con el traje blanco y emocionada al dirigirse hacia el que va a ser su marido, desgarra involuntariamente el encaje del velo que éste le ha regalado. Contempla entonces la cara de su novio contraída por el odio, con los ojos cargados de violencia y de insultos. El encaje descubre entonces a la mujer la verdadera manera de ser de un hombre al que nunca había conocido hasta ese momento.

Los mejores cuentos de esta clase ilustran bien la opinión ya apuntada de que existe una temática que sólo parece poder expresarse en forma de cuento. Por eso, este género que muchos consideran fácil por la brevedad de sus dimensiones, se caracteriza realmente por su oculta complejidad y por lo delicado de su tratamiento. La perfecta adecuación que ha de darse entre forma y tema para que un cuento pueda considerarse logrado estéticamente exige un cuidado y, sobre todo, una poética intuición que no tienen demasiado que ver con el hacer lento y meditado de la novela, marcado por el juego de tensiones y de treguas. En la creación de un cuento sólo hay tensión y no tregua. Ahí radica precisamente el secreto de su poder de atracción sobre el lector. No siempre es la mejor novela la que se lee de un tirón —esto queda reservado para tantos vulgares y efímeros *bestsellers*— y, como el buen aficionado al género sabe, es grato suspender la lectura de una gran novela, para que pueda producirse así la necesaria sedimentación emocional durante las pausas. Estas cumplen también su función estética, por más que no siempre tengamos conciencia de ello. Equivaldría a desvirtuar el efecto de novelas como *Guerra y paz* de Tolstoy, o *Retrato de una dama* de Henry James, el leerlas de un tirón. En cambio, un buen cuento, un relato de *Clarín,* de Chejov, de Borges, sí ha de leerse forzosamente de un tirón, ya que cualquier dilatada pausa estropearía el efecto emocional y estético de la narración.

El buen melómano no tiene inconveniente en oír con interrupciones o descansos los discos que integran una larga sinfo-

nía de Bruckner o de Mähler, o bien una extensa ópera wagne-
riana. Es más, se diría que su goce musical se hace, en ocasiones, más intenso y acabado con esa forma intermitente de audición, que con la seguida, por cuanto ésta pudiera engendrar algún cansancio o distracción. En cambio, ese mismo melómano
no admitiría la audición interrumpida de un estudio de Cho-
pin.

Pienso que algo semejante ocurre con la novela y con el
cuento. Tal vez esta sencilla y hasta vulgar coincidencia nos di-
ga más sobre la esencia y peculiaridades de ambos géneros, que
cuanto pudiéramos aún escribir sobre ellos, y, en especial, sobre esa viejísima y siempre joven, fascinadora criatura literaria
que es el cuento.

BREVE BIBLIOGRAFIA

Los títulos que aquí se recogen se refieren fundamentalmente a los principales puntos estudiados en el texto. Para una bibliografía más amplia sobre las estructuras narrativas en general, me permito remitir al lector a mi obra, publicada en esta misma colección, *Qué es la novela.*

E. COSQUIN, *Les Contes indiens et l'Occident,* París, 1922.

STITH THOMPSON, *Motif-Index of Folk-Literature. A clasification of narrative elements in Folk-tales, ballads, myths, fables, mediaeval romances, exempla, fabliaux, jest-books and local legends,* 6 vols., Helsinki, 1932-1936.

AURELIO M. ESPINOSA, *Cuentos populares españoles,* 3 vols., Madrid, 1946.

SEAN O'FAOLAIN, *The short story,* Collins, 1948.

M. BAQUERO GOYANES, *El cuento español en el siglo XIX,* Madrid, 1949.

M. BAQUERO GOYANES, Estudio preliminar de la *Antología de cuentos contemporáneos,* Madrid, 1964.

BERNICE D. MATLOWSKY, *Antologías del cuento americano, Guía bibliográfica,* Washington, 1950.

R. MENENDEZ PIDAL, Estudio preliminar de la *Antología de cuentos de la literatura universal,* Madrid, 1953.

ALBERTO MORAVIA, prólogo a la antología *Racconti italiani,* de Giovanni Carocci, Milán, 1958.

E. ANDERSON IMBERT, *El cuento español,* Buenos Aires, 1959 (vol. 46 de la Col. Esquemas).

JULIO CORTAZAR, «Algunos aspectos de cuento», en *Casa de las Américas,* números 15-16, La Habana, noviembre 1962-febrero 1963.

INDICE